HOW TO BE A STOIC

USING ANCIENT PHILOSOPHY TO LIVE A MODERN LI

別因渴望你沒有的，糟蹋了你已經擁有的

跟斯多噶哲學家對話，學習面對生命處境的智慧

Massimo Pigliucci
馬西莫·皮戈里奇——著 陳岳辰——譯

專文推薦

哲學不單是一門學問，更是集結理念與實踐的活動

苑舉正

對很多讀者而言，斯多噶哲學這個名詞可能是陌生的，但對我而言，這個名詞代表我長期學習哲學以來，最想理解的一個哲學領域。這些年來，我經常在臺大開斯多噶哲學這門課，而開課的動機，除了不斷加深理解外，也希望斯多噶哲學成為學生的興趣，體認這門哲學課是人生必須學習的一堂課。

我對於斯多噶哲學的興趣，來自於如下三個方面：普世價值、羅馬帝國與道德哲學。在學習西洋哲學的過程中，我一直對於希臘城邦政治的思想有一種距離感，因為我沒有機會體驗那兩千五百年前的城邦生活。然而，在斯多噶哲學的普世理想中，我感受到理性能夠發揮舉諸四海皆準的力量。羅馬帝國雖然是建立在

武力征服之上，但我很驚訝地發現，帝國中的皇帝、大臣、甚至是奴隸，都有斯多噶哲學家。他們都強調，人存在的唯一作為，就是提升德性。

在閱讀這本書之前，我對斯多噶哲學的理解，充滿了朦朧的美。不同於其他的哲學都是以個別的哲學家為主，這門哲學強調的是一個學派的理念。我不知道在這個學派中，這些觀點的來源是哪一位哲學家；我也不清楚，從西元前三世紀到西元三世紀為止，這漫長的幾百年裡，斯多噶哲學的理念要如何系統性的展示；我對於如何在二十一世紀應用這個以道德哲學為主的學派，感到困難。

本書作者以很技巧的方式回答了所有這些問題。首先，他挑選一位斯多噶哲學家的思想，也就是愛比克泰德，作為全書脈絡開展的主軸。他毫不遲疑地將這位原先是奴隸且一生跛腳的偉大哲學家，當作羅馬帝國時期最重要的哲學家。最難能可貴的是，作者以跨越時空的方式，不斷地與愛比克泰德展開對話，還把對話的內容重新脈絡化，放在今天的世界裡；他的做法讓我有耳目一新、豁然開朗的感覺。

斯多噶哲學大致分為兩段：希臘時期與羅馬時期，而作者直截了當地把它們稱做希羅時期。他的目的在於強調斯多噶哲學傳承的一貫性，重點一直是以釐清人生為主。愛比克泰德是作者心儀的哲學家，主要是因為這位斯多噶哲學家的思想與人生結合，他的生平、遭遇、經歷、講課、睿智、甚至是幽默感，深深地吸引了作者，並因而對斯多噶哲學推崇備至。

在這本書中，作者做了極為系統的安排，除了在前兩章講解斯多噶哲學的定義與思想發展外，整本書按照「欲望」、「行動」與「認知」分為三部。這三部分整體地代表了斯多噶哲學的所有理念。「欲望」代表的是斯多噶的宇宙論，在斯多噶哲學稱為「物理學」，其實講的就是天。「行動」所代表的是人際關係，在斯多噶哲學中稱為「倫理學」，就是地上的人倫。「認知」代表的是對於情境應有的反應，也就是人的理性能力，在斯多噶哲學中稱為「理則學」。讀者會很驚訝地發現，在這天、地、人三者的訴求中，斯多噶哲學和東方思想是如此相似。

沒錯，作為普世的道德哲學，斯多噶哲學無論在宗教立場、行為準則與心靈思考中，都與東方思想類似，涉及無所不包的整體觀。同時，本書指出，斯多噶的宗教觀不拘泥於固定的信仰對象，知識層面上強調我們對自然的認知，思考以理性為主。宗教、知識與理性這三個部分，不但具體而微地展現斯多噶哲學思考，也成為開展人生的最佳途徑。

我們在「欲望」中，面對宇宙應有的態度，是順應自然。自然限制了我們的生存環境，也賦予我們能力，在這個環境中尋找最適當的生存方式。而在現實社會中，做出適當的「行動」，就是做應當做的事情，主要是以加強德性為主。但是請注意，作者不斷提醒我們，斯多噶哲學中的加強德性，並不是傳統誤解下的禁欲主義；剛好相反，在重視自然情緒的思維中，斯多噶強調健康、財富與教育的重要性。它們雖然不如德性重要，卻仍是好的特質，必須把握。

本書的第三部是關於「認知」。我們要面對人生所有的情境，並思考理性能對它們做出什麼反應。在這裡，作者提到了所有人最關心的議題：死亡、憤怒、焦慮、寂寞、友誼和愛。或許讀者會覺得很奇怪，為什麼在斯多噶哲學中，這些議題竟然屬於理則學？答案其實很明確，就是因為理則學強調的是理性判斷，而所有涉及這些議題的情緒，都會在有沒有理性參與的過程中，出現截然不同的感覺。從這裡我們可以看到，斯多噶哲學是非常實際的。

本書第十四章論及鍛鍊實踐精神，作者列舉了十二項精神練習。我仔細閱讀後，心中忍不住讚嘆斯多噶哲學是如此的走入世界，並因而讓一般人瞭解哲學對開創美好人生的用處。透過練習將它們融入人生的過程，必然因人而異，所以我只推薦大家各憑心法努力實踐。我要特別強調第十二項「每日反省」，體會完這項原則後，我認為斯多噶哲學與《倫語》中所說的「吾日三省吾身」，有異曲同工之妙。

我很高興能有機會閱讀本書，並因而充實我授課的想法與資料。基於本書成功地介紹斯多噶哲學這一門重要的道德哲學，我興奮地將它推薦給讀者。最後，我誠摯地希望，所有閱讀本書的人都會瞭解，哲學不單是一門學問，更是集結理念與實踐的活動。

本文作者為國立臺灣大學哲學系教授

專文推薦

最適合現代人的生命道路

冀劍制

一個月圓中秋，我到朋友家參加烤肉聚會，在院子裡，大家閒話家常，偶爾聊點哲學、文學，或是鬼怪奇譚。身旁的滅蚊燈隨著我們談話的節奏，劈里啪啦響個不停。朋友們對我的心靈哲學專長很感興趣，尤其針對我正努力思考的問題：「靈魂是否存在？」

「當然存在囉！」包括主人在內的大多數人都這麼認為，而且主張每個生物都有靈魂。證據呢？有些報章雜誌偶爾會刊登靈魂事蹟，以及鬼怪報恩、報仇等故事。雖然這些都值得懷疑，但也值得省思。不過，若真要從哲學的角度討論，可是相當累人的事情。所以針對這些論調，我只簡單說了幾句話：

「你如果相信所有生物都有靈魂，而且有能力報仇，是不是應該先把滅蚊燈關掉？難道你不怕蚊子的鬼魂來報仇嗎？」

人生就像這樣，許多觀念集合在一起導致矛盾卻不自知。如果沒有好好省思自己的人生觀，就難以發現這種矛盾。西方哲學大宗師蘇格拉底說：「未經檢視的生命是不值得活的！」當你接受他的勸告，好好省思自己的人生，至少可以找到一個比較沒有矛盾的選項。但是，即便如此，你會發現選項不只一個，像是佛教、道教、基督教等宗教，以及追求幸福的德行倫理學、享樂主義等等，都是值得考慮的人生道路。而且，大多難分高下。

然而，其中一種對現代人來說或許最重要，卻不太受到注意的選項，就是本書作者想推薦給大眾、也是他自己的選項：斯多噶主義。斯多噶主義俗稱禁欲主義，但這名稱帶著許多膚淺的誤解。而且，如同作者所言，斯多噶主義其實並不主張禁欲。

作者指出，這條人生道路的主要特色有三點：第一，以寧靜的心靈接納無法改變的命運。第二，以勇氣面對可以改變的人生。第三，以智慧區別可以改變的以及不能改變的。

所有不影響這條人生道路的欲望，可以盡可能擁有，無須禁欲。所以禁欲主義的解讀顯然並不正確。

這條人生道路不同於主張一切都交託給上帝的基督教，它顯然比基督教更主動積極。而和佛教所認為的人生最好選項是放下一切的大智慧比較起來，斯多噶主義認為人生有些事情是不該放下的。這樣的觀點更適用於現代人，因為現代人即使出了家，也大多難以真正遁入山林，去追逐那放下一切的大自在。

然而，有趣的是，斯多噶主義又不與這些宗教衝突。即使是基督徒、佛教徒，也都可以是斯多噶主義者，因為它的「自然神論」（神即自然的主張）保留了相當大的彈性，可以把自然當作基督教的唯一真神，或是佛教的業力；而努力改變的人生，也可以當作神的試煉，或是佛教修行法門。

斯多噶主義本身並不是一個宗教，而是一門哲學。所以，它容許理性上的挑戰，只要有任何不妥之處，都歡迎討論與修正。這一點又更適合不願盲信宗教的現代人。

然而，它與現代大多數哲學又不太一樣。哲學到了現代，大多只談理論而不求實踐。這種現象導致世界上某些正義理論哲學家做事不太正義、陽明學者也不依循良知，甚至有人以「選擇自由意志不存在」的立場為傲。當人們把人生相關的哲學當作純粹思辨的學問時，哲學的價值將大幅衰退。尤其斯多噶主義本身就是一種談論如何活出最好人生的思維，若對生命實踐不感興趣，這個哲學就缺乏價值。相反地，若對生命感到茫然，想要尋找一條出路，對現代人來說，斯多噶主義卻是一個必須優先考慮的選項。

以一個現代人幾乎都會遭遇的例子來說，當你在職場遇見惡人時，該怎麼辦？譴責他、咒罵他？這是無意義的。斯多噶主義告訴你，實際上不存在有惡人，因為惡的作為其實來自於無知，面對無知所產生的惡，需有不同的態度與應對方式。

當你遇見不正義之事，是否該挺身而出？或事不關己、冷漠以對？我們究竟該以哪一種方式面對人生的各種愛恨情仇？當人陷入情緒漩渦，又該如何自救呢？

以智慧去區分要改變的，以及該放下的；以勇氣去改變應當改變的；以寧靜的心接納所有該放下的。在這條人生路上，讓一切的不如意，滋養內在的成長，走過去，就是屬於斯多噶主義許下的美好人生願景，也就是人生的目的。至於死後世界的種種，對於斯多噶主義來說，那是值得期待但也需放下的未知。

那麼，你想加入斯多噶主義的陣營了嗎？該如何起步？又該如何進化？讀讀這本書，它將指引你新的人生方向。

本文作者為華梵大學哲學系教授（一個哲學實踐者）

目錄

第一部　三訓之「欲望」：應求與不求

人類有個奇怪的傾向，老是擔憂、甚至將精力集中在根本無法控制的事情上。斯多噶的立場反之，主張將注意力放在自己能控制或影響的部分。

「活出人的本性已然不易。人是什麼？會死亡但具備理性的動物。若問理性使人異於何者？答案是猛獸的野性，或綿羊的盲從。遵循理性，行為便不會如同畜生，否則等於扼殺內在本性，活得不像人。」——愛比克泰德

第二部　三訓之「行動」：立身與處世

第七章

一切皆因品格與德性

不論公眾人物或一般人都需要培養德性與品格，行船必須謹慎小心，無論是國家的大船或個人生活的小船，看似無關緊要的短暫分心都可能帶來慘痛結果。更重要的是，認知人格的價值：非得出售，也得保證是個高貴的價值。

第八章

惡與無知

「『有人謾罵你』，那麼感謝他沒有動手。『他動手了』，那麼感謝他沒真的傷到你。『我受傷了』，那麼感謝他沒殺死你。畢竟我們何曾受教導說：『人類是文雅合群的生物，作惡不只傷人也會傷己。』既然對方不懂或者不相信，他按照自以為最好的方式做事，有什麼好奇怪的？」——愛比克泰德

139 ・問題不是沒能力理解，而是拒絕理解
146 ・認知的失調

第九章 角色楷模

153

世界上不存在完人。甚且，將「完美」視為楷模的標準，就設下了遙不可及的高標準。有些宗教確實這麼做且行之有年，例如基督信仰以耶穌作為所有善行的表率，卻也因此太過嚴苛，信眾必須追逐神的形象並註定失敗，最終只能靠上帝的慈悲得到救贖。

156 ・斯多噶是一種心智訓練
161 ・英雄與道德素質

第十章 身心障礙與精神疾患

171

人活在世界上要能為自己做決定，而不是消極承受。然而，要具備能動性是有前提的，例如必須設法成為能動者。人出生時是無助的嬰兒，這個階段大家都是「受動者」，依賴他人生存。慢慢經過學習摸索之後，我們逐漸成為能動者，可以掌控自己的人生。

第三部　三訓之「認知」：情境與反應

第十一章　論死亡與自殺

人生終點就是塵歸塵、土歸土，宇宙回收化學成分並形成新生命取而代之……清楚以後，應當更加珍惜相較宇宙整體來看極其有限的生命光陰，我們的吃喝拉撒睡、甚至愛恨情仇都轉瞬即逝，擔憂和感慨生命的短暫不合理也沒有助益。

第十二章　如何處理憤怒、焦慮、寂寞

人類的思考傾向很奇怪，煩惱的東西常常都不對。「我們為身體焦慮、為財產焦慮、為凱撒的想法焦慮，卻從不對自己心裡的世界焦慮。我會因為生出虛假不實的想法而焦慮嗎？不會，因為思想是自己決定的。我會因為放縱衝動而焦慮嗎？同樣不會。」

第一章

曲折的道路：為什麼是斯多噶

生命旅程中，我發現自己置身黑暗森林，迷失在筆直小路上。

——《神曲．地獄篇》第一首，但丁

無論傾向世俗或宗教、道德單一或多元，各種文化皆強調立身處世的重要。如何處理人生中種種困頓與變動？如何找到自己在這世上的定位？如何與他人互動？而終極問題則是：如何對身為人的最後考驗做好準備，也就是如何面對死亡？

歷史上無數宗教與哲學對這些問題提出回應，答案從玄之又玄到極端理性都有。後來科學也加入了討論行列，產出大量數據與書籍，闡述何謂幸福與如何成就幸福，而其中不可或缺的元素，就是藉由腦部掃描來顯示「人類的大腦處於何種狀態」，並解釋該狀態與滿足感高低的關聯性。尋求解答的道路繁多，工具自然不一而足，有殊勝經典、沉思冥想，也有哲學論辯與科學實驗。

所獲致的成果繽紛絢爛，反映出人類創意之豐富，以及我們多麼急切地追尋意義和目的。舉例而言，單單「猶太／基督／伊斯蘭」這套信仰體系就涵蓋許多選擇，還有佛教的各宗各派，乃至於道教或儒家思想等多不勝數。不喜歡宗教而傾向哲學的人，也能投向存在主義、世俗人文主義、世俗佛教、倫理道德，諸如此類。甚至如果你得出的結論是一切都沒有意義、追求也是徒勞，還可以擁抱虛無主義中較「快樂」的分支（確實有這種流派）。

至於我本人則選擇成為斯多噶主義的信徒。這不代表我總是抿著脣壓抑情緒，雖然我的確挺欣賞史巴克★的；據說《星艦迷航記》（*Star Trek*）原創者金・羅登貝瑞（Gene Roddenberry）在塑造此角色時，就是根據斯多噶主義者的形象，但他對斯多噶的認知恐怕稍顯粗淺。上述這樣的性格特徵正顯示了眾人對於斯多噶常見的誤解。事實上，斯多噶主義並不主張壓抑或隱藏情緒，反倒認為要面對情緒、思考情緒的起源，然後為了自己好應加以導正。重點在於體認並謹記什麼是我們可以控制的、什麼是我們不可以控制的；可以改變的部分值得投注心力，無法改變的事情就別枉費心機。我們應當盡其所能追求德性、卓越並探索這個世界，時刻省察自身言行的道德層面。我在本書中將斯多噶主義的實務解釋為一種「動態組合」，包括理論的訓誡、閱讀啟迪心靈的文本，以及冥想、正念†等等心靈操練。

哲學覺醒之旅

斯多噶主義的一項關鍵原則，就是嚴肅區分我們可以控制和不可以控制的

★ 編按：Mr. Spock，企業號上的科學官，倚靠邏輯和理性壓抑潛藏的衝動性格。
† 譯按：mindfulness，並非指「正面思考」或「善念」，而是「活在當下」和「專注」。

事物。佛教某些宗派也有類似的概念，許多人據此以為斯多噶學派傾向逃避社會參與和公眾生活。然而仔細閱讀斯多噶文獻，更重要的是，觀察斯多噶名人的生活，就會明白這是個天大的誤會：斯多噶主義相當提倡社會互動，鼓勵對全人類、全世界的愛。要人出世又入世，乍看十分矛盾，但也就是這份矛盾吸引我親身體驗。

我並非在前往大馬士革的路上★踏入斯多噶世界，而是綜合文化的偶然、生命的悲歡離合，以及自身思考以後得出的選擇。就個人背景來看，我投向斯多噶似乎是必然：我在羅馬長大，高中時期修讀古希臘文、羅馬歷史與哲學，因此斯多噶對我來說本屬文化傳承的一部分，即便近年才融為我日常生活的一環。

兼具科學家和哲學家的雙重身分，自然而然地我總是想要以更有條理的方式理解世界（透過科學），也想要尋找更好的生活可能（透過哲學）。幾年前我寫了《兩種思維：理性生活必需的哲學推理與科學實證》†一書，探討我稱之為「科哲」（*sciphi*）的新思想架構。該書的研究取徑是結合歷史悠久的**德性倫理學**以及晚近的**自然與社會科學**：前者著重人格發展與追求卓越，視其為生命意義的支柱；後者則揭示人性，並闡釋人類運作、失靈和學習的機制。現在看來，那只是

★ 譯按：聖經中使徒保羅（掃羅）在前往大馬士革的路上投入基督信仰。

† 譯按：原書名 *Answers for Aristotle: How Science and Philosophy Can Lead Us to a More Meaningful Life*，此處中譯為北京新華出版社版本。

我哲學覺醒之旅的起步。

導致我停腳沉思的還有一點。打從青春期開始我就對宗教不感興趣，而我之所以脫離天主教會，部分原因在於中學讀了伯特蘭・羅素（Bertrand Russell）的《我為什麼不是基督徒》（*Why I Am Not a Christian*），之後我對道德或生命意義的迷惘都靠自己摸索。就我觀察，無論美國或全球，越來越多人面臨同樣的難題。儘管我們認同人無宗教信仰也能活得很好，美國及許多國家也都有堅實的政教分離體制做後盾，不過某個群體卻讓我日漸不滿，甚至可謂厭煩：所謂的「新無神論者」（New Atheists）。此派名人甚多，為首者是理查・道金斯（Richard Dawkins）和山姆・哈里斯（Sam Harris）。雖然能夠公開批評宗教或任何思想象徵了民主社會的體質健康，但沒有人喜歡遭到矮化和羞辱。斯多噶哲學家愛比克泰德（Epictetus）顯然有同感，針對這一點他展現出一貫的幽默：「這時候你很可能碰上麻煩，對方會說：『先生，關你什麼事？你是我的誰？』要是再繼續爭下去，人家就朝你鼻子揍上一拳。以前我支持那種說法，遇上這種反應以後，當然就算了。」[1]

如果你想要以非宗教的途徑來面對與思索人生，選擇當然不只新無神論，還有世俗佛教與世俗人文主義★。不過我個人對這兩種追求生活意義的主流皆不甚滿意，而且理由恰恰相反。對我而言，當前佛教的主要模式玄祕色彩依舊稍濃，加上經典文本難以參透且詮釋各異，尤其與現代科學對人和世界的認知有所扞格（儘管不少神經生理學研究肯定沉思冥想對心靈的益處）。至於世俗人文主義，我接觸多年後遇到的阻礙是：它**過度**仰賴科學與現代定義的理性，即便支持者努力加以完善，仍舊生硬而難以成為週末早上拿來和孩子聊聊的話題，這個特徵也反映在世俗人文主義機構（數量上）不見起色的現況。

相較之下，斯多噶主義不僅兼容理性與科學，同時又有一套靈性層次的形上思想，此外亦具備開放性、調整性，最重要的是十分務實。斯多噶接受科學的宇宙因果定律：萬象森羅皆有因，自然規律導其行，無須玄之又玄的搪塞推託。另一方面，斯多噶也相信宇宙是依循「邏各斯」（*Logos*）†建構而成。邏各斯可解釋為神，有時也被稱作「愛因斯坦的神」——亦即最簡單、最毋庸置疑，透過理性理解的自然。

★ 編按：世俗佛教（secular Buddhism），通常指建立在人文主義、懷疑論、不可知論、進步主義或自然主義，而非超自然體驗的信仰。世俗人文主義（secular Humanism），相對於宗教人文主義，重視論理、倫常與社會公義，反對以宗教儀式強化信仰。

† 譯按：最初在希臘文中是「話語」的意思，後來用於哲學中代表宇宙的原理和規律性，神學則將其作為耶穌基督的另一種稱呼。

每個人都需要一套生命哲學

斯多噶的理論體系包含許多重要元素，最為突顯的則是「實用性」：這門思想成立之初與後來的重心，始終在於追求幸福且有意義的人生。透過文獻能清楚看到這種特質，但由於多數早期著作已然佚失，現存資料主要來自羅馬後期的畫廊派（Stoa，當時斯多噶派的別名），他們的文字可說示範了何謂「淺顯易懂」。愛比克泰德、塞內卡（Seneca）、穆索尼．魯弗斯（Musonius Rufus）、馬可．奧里略（Marcus Aurelius）的語言簡單白話，沒有佛教經典的深奧晦澀，也不像基督宗教初期過度依賴寓意。我個人最喜歡的句子出自愛比克泰德，充分體現了何謂腳踏實地：「死亡是無可避免的必然。我逃到哪兒能不死？」[2]

我投向斯多噶的最後一個理由是：這套哲學面對與準備死亡的方式最為直接且令人信服。甫過半百的我，說不上原因卻也不由得深入思考一個問題：我究竟是誰？又是如何一步步走到現在？身為沒有宗教信仰的人，我同樣尋找著生命終點的因應之道。撇開自身想法，現代社會科技進步，人類壽命不斷延長，我們往往必須安排退休後好幾十年的日子。更何況無論活多久，我們終歸得為自己、為親朋好友做好準備——終有一天意識和肉體都將自有形世界消失，知道如何死得有尊嚴，讓亡者得以安寧、生者得到撫慰，不是壞事。

原本斯多噶學派在這方面就著墨甚多。塞內卡稱死亡是對人格和原則的終極考驗。「人每天都在死，」[3]他在給好友蓋俄斯．盧基里烏斯（Gaius Lucilius）的信上這麼寫道。他將死亡視作與生存緊密相依的試煉，「無法死得好，就不會活得好。」[4]生命之於斯多噶主義者是持續不斷的工事，死亡則是合乎邏輯與自然規律的終點，既然並非異常也就無須過分惶恐。由於以往接觸的各種論述都過於極端，不得我心，而斯多噶的思維從中取得平衡，引我共鳴：既然至今沒有足夠的證據及理由可信，何必幻想永生與來世；但若輕蔑、甚或避諱生死存滅的話題，亦不可取。

基此種種原因，除我之外，還有很多人嘗試復興這門古代的實用哲學，並將之改編為二十一世紀的版本。每年秋季，有數萬人參與英國艾希特大學（University of Exeter）主辦的斯多噶週活動（Stoic Week）[5]，那既是一場哲學大會，也是社會科學實驗，許多哲學學者、認知治療專家及世界各地奉行斯多噶的人共襄盛舉。斯多噶週的活動具有雙重目標：首先是推廣斯多噶主義，將之連結到日常生活；再者是系統性收集資料，觀察斯多噶主義獲致的實效。目前艾希特大學僅得到試驗性的初期結果（未來會採取更複雜的實驗方法並增加樣本數），不過前景看好。例如，第三屆斯多噶週參與者，正向情緒增加百分之九、負面情緒降低百分之十一，而經過一週的實作後，生活滿意度改善了百分之十四。（第二屆團隊進行了長期追蹤，證據顯示持續採行斯多噶確能收到成效。）此外，多數參與者認同斯多噶能增進它們的德性；百分之五十六的人就這一點給予斯多噶高度評價。當然還必須考量自我選擇樣本（self-selected sample）的特性，也就是很多參與者原本就對斯多噶有興趣，或受到其部分理念與做法吸引。然而，就算原本即傾向斯多噶主義，能在短短幾天的活動中看到顯著變化，也足夠有志之士持續關注。

這樣的實驗結果並不意外，因為許多由實證出發的心理療法源於斯多噶哲學，其中包括維克多·弗蘭克（Viktor Frankl）的「意義治療」，以及阿爾伯特·艾利斯（Albert Ellis）的「理性情緒行為療法」。★有人讚譽艾利斯「對現代心理治療貢獻極大，甚至超越佛洛伊德」[6]；弗蘭克則為神經學家與精神科醫師，經歷過種族屠殺，著有暢銷書《活出意義來》（*Man's Search for Meaning*）。

★編按：意義治療（logo therapy），旨在協助案主從生活中領悟生命的意義，藉以校正人生觀；理性情緒行為療法（rational emotive behavior therapy），強調不合理的信念對情緒和行為的影響。

他的故事動人心弦、展現生命韌性，可謂斯多噶主義的當代典範。兩位皆表示，斯多噶主義在他們的治療發展中占有舉足輕重的地位，弗蘭克更將意義治療歸類為一種存在分析。另一位支持者是美國海軍中將詹姆斯．史托迪爾（James Stockdale），他在回憶錄《在愛與戰爭中》（*In Love and War*）中特別指出，越南戰俘營裡的環境慘無人道，自己能在裡頭熬過那麼長的時間，斯多噶主義（尤其是他閱讀的愛比克泰德作品）功不可沒。認知行為治療（Cognitive Behavioral Therapy，簡稱 CBT）這個日漸龐大的療法家族也從斯多噶主義獲益匪淺，其最初目的只是治療憂鬱症，如今廣泛用於各類心理問題。《憂鬱症的認知療法》（*Cognitive Therapy of Depression*）作者亞倫．貝克（Aaron T. Beck）即在書中寫道：「認知療法的哲學根源可以追溯到斯多噶哲學家。」[7]

當然，斯多噶主義是哲學，而非治療方法。這項差異至為緊要：治療的目的是要在短期內幫助人們克服心理層面的特定問題，未必需要提供整體的人生觀或生命哲學。然而，我們每個人都需要一套生命哲學，那也是我們每個人都會發展出來的一套哲學，無論是否意識到。有的人直接從宗教那裡複製了整個生命架構。有些人順其自然沒多費心思，但仍透過行動與抉擇展現了內心對生命的理解。還有些人如同蘇格拉底說的，檢討反省自己的生命，以臻完善。

啟蒙的引路人

一如其他探討人生的哲學，斯多噶主義無法吸引所有人，也幫助不了所有人。它有一套頗為嚴苛的標準，主張只有道德品性值得追求與陶冶，健康、教育、以至於財產，則屬於「喜歡但無所謂」★的事物；但斯多噶主義並未提倡禁欲，歷史上很多生活享受的斯多噶人。這個主張的原因在於，「外物」（external）無法定義個體、不涉及個人價值，價值來自於人格與品性的表現。由此觀之，斯多噶主義特別民主，不受社會階級所囿，貧富、強弱、智識高低皆不影響實踐道德的能力，任何人都可以達到「心神寧靜」，斯多噶學派稱之為 *ataraxia*†。

儘管獨樹一幟，斯多噶主義同時又和其他哲學、宗教（佛教、道教、猶太教和基督教），以及諸如世俗人文主義及倫理道德等現代社會運動相互連結。兼容並蓄好處多多，一來它能與世界主要道德傳統交流、共享理念或至少大方向，對我這種不參與宗教的人很有吸引力。二來，由於它與其他思想共存，所以我更

★ 編按：可見 P.90-91 的詳細說明。
† 譯按：古希臘語詞彙，原意為毫無紛擾，在哲學中用於描述完全的清醒與寧靜。

能堅定排拒太過激進的新無神論。對宗教人士也一樣，近年來許多惡質的基本教義派抬頭造成禍事，唯有保持包容才不至於淪陷。就斯多噶的立場而言，不認同邏各斯等於神或大自然亦無所謂，我們需要的共識僅只於美好的人生在於陶冶品德、關懷他人（包括自然），享受人生的最佳方式是遠離欲望，但適度即可無須偏執。

斯多噶主義自然也有尚未突破的困境，本書不打算迴避問題。舉例而言，原始的斯多噶範疇並不限於倫理學，內涵更加全面，包括形上學、自然科學，還有具體的邏輯與認識論（關於知識的理論）。古時候的斯多噶主義者認為這些層面同樣重要，因為它們全都與「人如何生活」這個主題相關。要決定什麼是最佳的生活方式之前，得先理解世界的本質（形上學）、它如何運作（自然科學），以及我們如何（不完美地）理解世界（認識論）。

但當年斯多噶主義者提出的許多論點，面對現代科學與哲學時必須重新修正。譬如威廉・爾凡（William Irvine）在《優質生活手冊：斯多噶古人的幸福智慧》（*A Guide to the Good Life: The Ancient Art of Stoic Joy*）[8]中清楚指出，斯多噶主義對於「可控制的」與「不可控制的」區辨太過嚴苛：雖然個人能力終究有限，但除了想法與心態，視情況而定仍有許多事物是我們可以、也必須去干預的；反過來說，斯多噶主義者對於人類控制自身思想的能力似乎太樂觀，現代認知科學一再證實我們常常受認知偏誤和錯覺所害。不過在我看來，這些主張反而是種激勵，代表我們應該按照斯多噶主義的教導，努力增進德性和導正思想。[9]

最後，斯多噶主義最具魅力的一點，是歡迎質疑挑戰，也願意調整修正。換言之，它是一套開放性的哲學，可以容忍和接受其他流派（像古代的懷疑論者）的批評與創見。塞內卡有句名言：「最早發現的人不因此成為主人，而是嚮導。真理對全人類開放，永遠無法獨占，且有更多真理留待後世發掘。」[10]相對於基本教義派和墨守成規的思想主張，接納改變的世界觀可謂清流。

基於上述理由，我選擇斯多噶作為自己的人生哲學，探索它、研究它，可以的話加以改進，並與其他同好分享。就本質而言，斯多噶主義只是許多曲折道路中的一條；人類開拓了許多路徑以尋求更調和的世界觀、自我認知與安身立命之法，這是人人皆有的需求。透過本書，我將盡我所能帶領讀者踏上這條歷久彌新的古道。

不過有個小問題是，我本身尚屬斯多噶新手，為了避免大家在通向啟蒙的旅程中誤入常見的歧途，所以我必須尋求更資深、更專業的引路人。《神曲》這部巨作是但丁的靈性之旅，他想像自己迷失在昏暗森林、無法判斷前進方向，後來發現來到了（想像中的）地獄入口，即將進入深淵一探究竟。幸運的是，他得到羅馬詩人維吉爾（Virgil）的指點。我們這條路沒有下地獄那麼驚心動魄，本書規模也和《神曲》相去甚遠，但或許可說我們同樣迷失了，如但丁一樣需要找個人帶路。而我選擇的引路人是愛比克泰德，他是我個人探索過程中，第一個接觸的斯多噶主義者。

愛比克泰德生於公元五十五年左右的希拉波利斯（Hierapolis，現代土耳其棉堡一帶），本名不可考。「愛比克泰德」（epictetus）這個詞的原意是「取得」，反映了他的奴隸身分。他的年輕歲月在羅馬度過，主人之一是以巴弗提（Epaphroditos），一位富裕的自由民（換言之，亦曾身為奴隸），擔任羅馬尼祿皇帝的祕書。他跛腳，是先天疾患或因之前主人而受傷不得而知，所幸得到以巴弗提善待，並投師於當時羅馬著名的哲學大師穆索尼．魯弗斯。[11]

公元六十八年尼祿過世，愛比克泰德獲得解放；在當時的羅馬，若奴隸特別聰明、受過教育，常常能重返自由。他在帝國首都設立自己的學派，授課至公元九十三年，直到皇帝圖密善（Domitian）將哲學家驅離首都為止。迫害過哲學家的羅馬皇帝不少，以維斯帕先（Vespasian）和圖密善為最。基本上所有哲學家都遭受波及，但斯多噶派首當其衝，數十位哲學家慘死或被流放，包括尼祿統治結束前便喪命的塞內卡，穆索尼・魯弗斯則被二度流亡。常說斯多噶人傾向對權力階級吐真言，只是大權在握者未必能虛心接受。

愛比克泰德將學派轉移到希臘西北部的尼科波利斯（Nicopolis），據說皇帝哈德良（Hadrian）曾經去拜訪；哈德良是羅馬「五賢帝」之一，五賢帝最後一位即為馬可・奧里略，可謂史上最著名的斯多噶人。[12] 授業成名之後，愛比克泰德吸引到的學生不乏名人，包括來自尼科米底亞的阿里安（Arrian of Nicomedia），他彙整愛比克泰德的講課資料，成為今日所見的愛比克泰德《語錄》（*Discourses*），也是本書內容的基礎。愛比克泰德約莫逝於公元一三五年，他終生未娶，但晚年有女伴，兩人一起撫養朋友遺孤，讓孩子免於飢亡。

從簡述也能感受到此人的不凡才對。跛腳奴隸卻能受教，重獲自由並創辦學校，被一個皇帝驅逐又受另一位青睞。他生活單純，願意養育沒有血緣的孩子，而且活到八十歲，以古代而言算相當長壽。最重要的是，他留下許多箴言流傳於西方社會，甚至全球教育界。愛比克泰德能夠成為我們旅途的完美嚮導，不僅在於他是我最初接觸的斯多噶人，更因為他思想敏銳、充滿智慧，還具備獨到的幽默感，而且他與我在很多重點上想法不一，反而有機會呈現出斯多噶哲學的收放自如、與時並進，無論在二世紀的羅馬帝國或二十一世紀的紐約，都能占有一席之地。

就讓我們一起透過愛比克泰德的語錄來與他對話。我們的話題多彩多姿，包括上帝、日漸分裂的世界中的世界主義、如何照顧家人、完善品格、處理憤怒和面對殘疾、自殺的道德（或非道德）問題等等。過程中我將引述古今其他斯多噶主義者作為補充，有時也會提出後來這二十個世紀裡哲學與科學的演進作為反駁，以便描繪現代斯多噶主義應有的樣貌。而我的最終目的自然是回答那個根本的問題：人究竟應如何立身處世？

原文注

1 Epictetus, *Discourses*, II.12.，全文見於 http://classics.mit.edu/Epictetus/discourses.html; *Enchiridion or Handbook*，成書於公元一三五年，英譯本可見 http://classics.mit.edu/Epictetus/epicench.html。

2 Epictetus, *Discourses*, I.27.

3 Letter 24: On Despising Death, Seneca the Younger, *Complete Works* (Delphi Classics, 2014), 19.

4 Seneca,"On Tranquility of Mind," 11.

5 斯多噶週活動的詳細資料請見 http://modernstoicism.com；斯多噶學術年度研討會 STOICON，請見 http://modernstoicism.com/stoicon-media。

6 Robert Epstein, "The Prince of Reason," *Psychology Today*, January 1, 2001.

7 Aaron T. Beck, A. John Rush, Brian F. Shaw, and Gary Emery, *Cognitive Therapy of Depression* (New York: Guilford Press, 1987), 8.

8 William Irvine, *A Guide to the Good Life* (New York: Oxford University Press, 2008).

9 進一步解釋我的想法。舉例而言，認知科學也多次印證人類對於機率的計算能力並不強，否則博弈和彩券業無法成立。但不會有人因此認為統計學失去存在意義，反倒期望統計學能幫助至少部分人類避免常見的計量推理謬誤（有些錯誤後果十分嚴重）。

10 Seneca, "Letter 33: On the Futility of Learning Maxims," 11.

11 穆索尼．魯弗斯留下的著作極少，彙整和翻譯內容可見 Cynthia King, *Musonius Rufus: Lectures and Sayings*, edited and with a preface by William B. Irvine（William B. Irvine, 201）。

12 馬可．奧里略的《沉思錄》是一本個人反省筆記，內容原本無意公諸於世，卻成為人類歷史上最受歡迎的書籍之一，如同愛比克泰德的《語錄》不斷再版。公元一六七年成書的《沉思錄》，完整內容可見 http://classics.mit.edu/Antoninus/meditations.html，英譯者為 George Long。

第二章

旅程地圖：認識斯多噶主義

美德之所以存在，不就是為了使生命流動更順暢？

——《語錄》I.4，愛比克泰德

每次旅行異地時我習慣帶一份地圖。地圖可以幫助我找到前進方向、標示不該接近的區域，也為旅途經歷建構出脈絡。本章就是斯多噶之旅的地圖，將介紹它大致的輪廓，以及貫穿本書的主軸，指引讀者從中獲得最深入的體驗。我深信理解哲學與宗教（或任何複雜思想）的第一步，是瞭解其背後通常並非線性的發展歷程。而既然要研究斯多噶這門哲學，甚至將之運用於生活中，歷史沿革是絕佳切入點。

第歐根尼．拉爾修（Diogenes Laertius）在《名哲言行錄》（*Lives of the Eminent Philosophers*）內提到：斯多噶主義約在公元前三百年出現於希臘雅典。根據文獻紀載，出身於季蒂昂（Citium，現在的塞普勒斯）的腓尼基商人芝諾（Zeno），喜食青色無花果和曬太陽。他從腓尼基乘船前往比雷埃夫斯（Peiraeus），途中遭遇船難，要販賣的紫色染料泡湯[1]，所幸平安抵達雅典並安頓於一家書店，時年三十。他讀了色諾芬（Xenophon）的《回憶蘇格拉底》（*Memorabilia*）第二卷後很喜歡，立刻詢問哪兒可以找到像蘇格拉底這類的人。好巧不巧，克拉特斯（Crates，犬儒派哲學家）行經店門口，老闆指著他說：「和那個人去。」

於是芝諾成為克拉特斯的學生。他從老師身上學到的第一課就是：無須羞愧的時候就不要羞愧。有一次克拉特斯要芝諾端著一鍋扁豆湯走來走去，後來還故意把湯打翻，芝諾尷尬得想逃離現場，老師卻當著大家的面朝他喊叫：「小腓尼基人，幹嘛逃走呢？又沒壞事落到你頭上。」芝諾跟隨克拉特斯與其他幾位哲學家修習幾年，信心足夠以後自立門派，最初理所當然稱為芝諾派，卻因為聚會地點位在市中央的公眾彩色畫廊★，漸漸被大眾稱為**畫廊派**。芝諾談論的話題五花八門，包括人性、義務、律法、教育、詩詞、修辭、倫理等等，任何人都可以聽講。（雖然芝諾的著作僅少數殘存，但第歐根尼記錄了書名，故能確認講課主題。）芝諾十分長壽，有人說他高齡九十八，死因一說是摔倒，一說是病痛後自認無能力貢獻社會，主動絕食而亡。

畫廊派從芝諾起頭，第二代是弟子克里安西斯（Cleanthes），再來則出現哲學運動的關鍵人物：來自索利的克律西波斯（Chrysippus of Soli）。投身哲學前，克律西波斯是長跑選手[2]，著述等身、主題廣泛（第歐根尼提出七百零五本這驚人數字），更重要的則是引入大量新觀念——多到古人說「克律西波斯走出畫廊了」。[3]

★ 譯按：彩色畫廊原文 Stoa Poikile，因其發音所以也譯作「斯多亞派」，後來進入拉丁文變為 Stoic，即是常見的「斯多噶」。

從生活中誕生，在戰火下點燃

當然，斯多噶主義並不是無中生有。早期的斯多噶人深受其他學派和思想家影響，尤其是蘇格拉底以及犬儒派，後來則是柏拉圖的**學院派**（關於各種思想學派請參考書末附錄）。不同學派和學者花了很多時間心力論辯，最出風頭的是學院派、**逍遙學派**（Peripatetics，傳承自亞里斯多德），當然還有**伊比鳩魯派**（Epicurean）。舉例而言，愛比克泰德在《語錄》中花了足足三章的篇幅反駁伊比鳩魯的意見。這些學派的共同點在於強調「幸福感」（eudaimonic）★，以找出最適合人類生活的方式為目的，但重點可能擺在德性（逍遙學派、犬儒學派、斯多噶學派），也可能是享樂（伊比鳩魯派、昔勒尼派），或者有些人（學院派）對形上學更感興趣，有些則著墨於人類知識的局限（懷疑論）。不過大家目標都一樣，就是美好的人生。

百家爭鳴的局面持續至公元前一五五年出現巨大轉折[4]：雅典攻擊了羅馬保護下的希臘小城奧羅波斯（Oropus），事後被要求連續三年賠款，於是雅典決定派人前往羅馬協商減免賠償，而畫廊派（巴比倫的第歐根尼（Diogenes of

★譯按：指追求生命意義和自我實現而得到的幸福感，與趨樂避苦的享樂（hedonic）幸福成對比。

Babylon」）、學院派和逍遙學派的領袖獲選為代表。結果雅典人因外交任務到訪，卻造成巨大的文化衝擊：他們準備的講學內容震撼了當時保守的羅馬社會，點燃羅馬人對哲學興趣的第一把火。

接著公元前八八到八六年，逍遙學派的雅典尼昂（Athenion）與伊比鳩魯派的阿里斯提昂（Aristion）兩人先後在雅典掌權。（想像哲學家變成獨裁者是什麼光景！）然而兩人犯下重大戰略失誤，與米特里達梯王（King Mithridates）結盟對抗羅馬，最後導致雅典淪陷，失去古代哲學中樞的崇高地位。各學派代表人物避居鄉野，如羅得島、亞歷山大港，更多則直接前往羅馬，這是西方哲學史上的重要轉捩點。

斯多噶的歷史在此進入第二階段，一般稱為中期。羅馬著名演說家西塞羅（Cicero）認同斯多噶學派，是我們瞭解斯多噶派初期與中期的重要管道。隨著凱撒死亡、奧古斯都崛起，羅馬由共和轉為帝制，斯多噶學派進入晚期但依舊興盛，此時有名的斯多噶人的著作留存較為完整，包括穆索尼．魯弗斯（愛比克泰德的老師）、塞內卡（尼祿皇帝的顧問），以及愛比克泰德本人和後來的哲學家皇帝馬可．奧里略。

公元三一二年，君士坦丁大帝立天主教為國教，斯多噶主義與許多思想學派開始衰退。公元五二九年，拜占庭皇帝查士丁尼關閉學院，為古希臘羅馬哲學的傳承劃下句點。然而，斯多噶主義的概念影響了許多歷史人物（包括其批評者），並經由他們延續下去，包括早期教會神父、奧古斯丁（Augustine）、波愛修斯（Boethius）、多瑪斯·阿奎那（Thomas Aquinas）、焦爾達諾·布魯諾（Giordano Bruno）、湯瑪斯·摩爾（Thomas More）、伊拉斯謨（Erasmus）、蒙田（Montaigne）、法蘭西斯·培根（Francis Bacon）、笛卡兒（Descartes）、孟德斯鳩（Montesquieu）、史賓諾沙（Spinoza）。此外，現代的存在主義、乃至於新教的新正統神學之中，也帶有斯多噶的色彩。二次世界大戰以後斯多噶主義復興，如前所述造就了維克多·弗蘭克的意義治療、阿爾伯特·艾利斯的理性情緒行為療法，以及認知行為療法的整體發展。

斯多噶作為一種哲學

雖然斯多噶主義極度強調實用性，但若未建立理論架構，就無法稱之為「哲學」。而它的架構基礎在於，人生若要美好（幸福的層次）必須理解兩種知識：世界的本質（以及延伸而來的自我定位），以及人類理智的本質（以及為何理智常常起不了作用）。

古時斯多噶派的學生會透過修習物理學、倫理學、理則學★等途徑來達成這些目標，不過此等途徑與現代定義的略有不同。斯多噶的「物理學」是指研究世界運作的模式，包括我們今日說的自然科學、形上學（現在屬哲學的分支），甚至神學。（斯多噶派相信神，但這個神具有物質性且遍布宇宙。）斯多噶的「理則學」包含現代人口中的邏輯，也就是形式推理，而且古代斯多噶派學者在這個領域貢獻良多。不過他們的理則學也包括所謂的認識論（關於知識的理論）、修辭學（如何有效傳達思想），以及心理學（特別是理解人類心智的運作，以及心智為何無法發揮作用）。

斯多噶學派鑽研物理學和理則學的動機並非是為了研究而研究。就像更早之前的蘇格拉底，他們醉翁之意不在理論本身；這一點不同於同期和之後的許多哲學家。斯多噶學派認為，倘若哲學對於人類生活沒有助益，就是無用的學問。可是物理學和理則學又如何與美好人生連結，研究斯多噶的倫理道德又是為了什

★ 譯按：「理則」（logic）即「邏輯」，目前臺灣教育部明訂統一稱作理則學。

麼？我們來看看「倫理」與「道德」這兩個詞從何而來，就會有些頭緒。倫理（ethics）來自希臘文 *êthos*，是一種關於品格的概念；而道德（morality）源於拉丁文 *moralis*，和習慣、習俗有關。事實上，西塞羅直接將希臘文 *êthos* 翻譯為 *moralis* 了。所以說，基本觀念就是：想培養良好人格與習慣，必須先對物理學和理則學有足夠認識。

斯多噶學派透過幾個比喻加以解釋，其中最精準的版本由克律西波斯提出，他說：想像人是一座果園，產出的果實就是倫理，想要果實品質優良，當然得提供養分給它。而土壤就像物理學，讓我們對於所處的世界有所理解。理則學則是這座果園的圍籬，可排除無益、甚至有害的干擾，將不良思考隔絕在外，否則雜草叢生難以收穫。

我們的朋友愛比克泰德對於這三個領域的重要性，自有一套非常原創性的說法：[5]

想要成為善良高貴的人，必須訓練三個層面。首先是正反兩種意志力：該做的事情堅持到底，不該做的事情也抗拒到底。再者是收放自如、進退有據，行事有條理和分寸。最後則是不受欺瞞也不恣意妄為，亦即合乎常理。

這就構成了斯多噶的三訓：欲望（desire）、行動（action）、認知（assent）★。它們分別對應三種學問和四種德性（之後詳述），關係如下表。表格內容為斯多噶思想的濃縮，深入理解便能明白斯多噶主義的理念為何。三訓之一「欲望」（亦可稱作斯多噶式的接受），旨在分辨什麼適合追求、什麼不適合追求，並進一步推論什麼是我們可以控制的、什麼是我們不能控制的。這個區別極為重要，源自對於世界

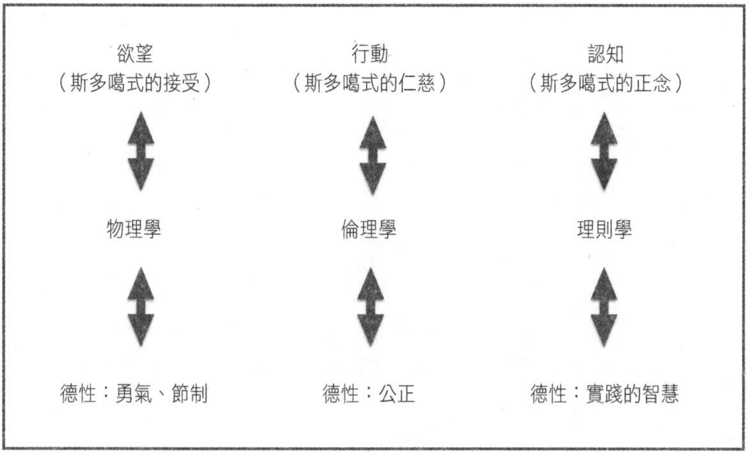

表 2.1　斯多噶三訓（欲望、行動、認知）與三門學問（物理學、倫理學、理則學）及四項主德性（勇氣、節制、公正、實踐的智慧）之關係。[6]

★ 編按：assent 原意為經過審慎思考而給予認同，在此表示運用知識、邏輯等的認知過程。

運作的理解，只有不懂物理學的人才會誇大自己主宰的範圍，也就是一廂情願。規範自身的欲望與斯多噶四德性中的兩者相關，分別是勇氣（面對現實，據以行事）與節制（約束欲望，量己力）。三訓之二是「行動」（也可稱作斯多噶式的仁慈，有關懷他人之意），著重人類在世界上的行為，方法則來自研究如何生活為佳的倫理學，並可推導出公正這個美德。三訓最後一項是「認知」（斯多噶式的正念），指出如何應對各種情況，尤其留意第一印象未必正確。認知需要依靠邏輯，從中明白合理與否，並且需要有實踐的智慧。

本書的架構以三訓為中心。首先探討「欲望」，也就是應求者為何、不應求者又為何，從斯多噶的角度理解我們能夠控制什麼和不能控制什麼，並根據這樣的區辨推衍出足以指引人生重要抉擇的思考框架，進而體悟為何斯多噶主義說人應該「順應自然」，也就是瞭解自身的天性與定位。此外，我們也能與蘇格拉底打打球（一個比喻），練習如何妥善看待自己擁有或缺乏的外物（健康、財富、教育等等），並探討斯多噶哲學下的神和宇宙的意義。

本書第二部是三訓中的「行動」，也就是我們要怎麼做。我們將會明白為何斯多噶哲學認為無論面對何種處境，德性都是最重要的。此外，斯多噶認為為惡並非人性，惡行源自錯誤的觀念；角色楷模在教育與啟發上具有關鍵地位，人類應該慎選好的模範。我們也會看到斯多噶主義如何幫助處於困境中的人，包含身心殘疾諸種狀況。

第三部進入三訓的「認知」，討論各種情境下該如何反應。認知與日常生活的各種問題特別相關，例如憤怒、焦慮、寂寞，抑或是人生的正面要素，好比友誼與愛。我們也要看看斯多噶人如何為生命終點、不可避免的死亡做好準備，以及他們針對自殺提出何種複雜細緻的想法。

本書最後，我提出十二種心靈體操，想學習斯多噶主義或追求自身美善的人，都應該嘗試看看。

原文注

1 Diogenes Laertius, *Lives of the Eminent Philosophers*, VII.2, available at: https://en.wiki source.org/wiki/Lives_of_the_Eminent_Philosophers.

2 在希臘羅馬時代，體能工作者或運動員進入哲學領域十分常見。晝廊派第二代克里安西斯原本也是拳擊手，在花園挑水為生。

3 Diogenes Laertius, *Lives of the Eminent Philosophers*, VII.183.

4 David Sedley, "The School, from Zeno to Arius Didymus," in *The Cambridge Companion to the Stoics*, edited by Brad Inwood (Cambridge: Cambridge University Press, 2003).

5 Epictetus, *Discourses*, III.2. 24

6 表 2.1 是我參考 Donald Robertson, *Stoicism and the Art of Happiness: Ancient Tips for Modern Challenges* 所作的個人詮釋，該書取材自 Pierre Hadot 的學術著作 *The Inner Citadel: The Meditations of Marcus Aurelius* (Cambridge, MA: Harvard University Press, 1998)。

第一部

三訓之「欲望」：應求與不求

第三章

能力所及與不及

能力所及就全力以赴，能力不及則順其自然。

——《語錄》1.1，愛比克泰德

一九九〇年我移居美國，對於當地文化瞭解不多，訊息管道主要是從小到大看的好萊塢電影，還有義大利語配音的電視影集。當時有個好朋友建議我閱讀寇特·馮內果（Kurt Vonnegut）的短篇小說。

一九六九年出版的《第五號屠宰場》（*Slaughterhouse-Five*）內容十分奇妙。主角畢勒·皮爾格林自認遭到特拉法馬鐸星人綁架，與其他被帶走的地球人關在一起，其中包括色情片女星蒙坦娜·韋德赫克。特拉法馬鐸星人可以在四次元的時空中移動，所謂四次元就是三維空間加上一維時間；換言之，他們能夠隨心所欲重返生命中的任何時刻。後來主角得到同樣的能力，開始講述起自己人生中的重要片段，其一是二次世界大戰末期同盟國轟炸德國的德勒斯登。

我在《第五號屠宰場》書中初次讀到一段話，那個句子被裱框掛在畢勒的驗光室牆壁上，也刻在蒙坦娜的項鏈墜子上：

主啊！求祢賜我寧靜心靈接納無法改變的一切，賜我勇氣改變所能改變的一切，並賜我智慧分辨兩者的差異。

這就是著名的《寧靜禱文》（*Serenity Prayer*），也是主角一生具體而微的寫照：畢勒渴望尋得寧靜，而最後他明白過去無法改變，只能著眼當下。這個領悟需要勇氣，這樣的氣魄和上戰場的豪情不同，更加細微但或許更重要，也是活出圓滿人生必須跨出的一步。

現代版的寧靜禱文出自美國神學家雷茵霍爾德·尼布爾（Reinhold Niebuhr），早在一九三四年他就將這些文字用於佈道，後來則由匿名戒酒會和其他十二步組織★加以運用才變得廣為人知。這段禱文適用於任何時代、任何文化，十一世紀猶太哲學家所羅門·伊本·蓋比魯勒（Solomon ibn Gabirol）表示：「據說領悟之始在於理解何者是、何者不是，並接受自己的無能為力。」[1]八世紀佛教學者寂天論師（Shantideva）提出類似見解：「若事尚可為，云何不歡喜？若已不濟事，憂惱有何益？」[2]

謀事在人，成事在天

實際上這套主張還有更古老的版本：「能力所及就全力以赴，能力不及

★ 譯按：「十二步」（twelve-step）是一套治療上癮、強迫症或其他行為問題的方法，由匿名戒酒會向外流傳。

則順其自然。有些事情人能控制，有些事情則否。想法、衝動、好惡都操之在己——簡言之，自己的行為自己決定。身體無法選擇，財產、名聲、地位等等強求不來，因為這些東西並非源於自我。」[3] 這段話出自愛比克泰德的《講義》（*Enchiridion*），列於開場作為思想精要，對於芝諾以降的斯多噶哲學體系亦具關鍵地位，探索斯多噶主義可以由此入門。

上述資料顯示，斯多噶的智慧影響極為深遠，即便之前數百年未獲承認。此外，斯多噶主義的主要觀念也出現在包含猶太教、基督教、佛教、道教等等宗教和哲學體系中，部分是由於直接或間接的思想交流所造成，其餘則指向異時異地的智者們思考後對人類境況得出同樣的結論。雖然本書主軸為斯多噶，但我會反覆提及不同時代和文化下的人所提出、重建並透過實踐確立的概念。經過時間考驗的思想精粹值得運用於生活中。

近來我又重讀馮內果的小說，而不久前某天我與我那聰明的導師愛比克泰德走在古羅馬廣場，思及他說過的話語，我突然覺得他說的對也不對。愛比克泰德認為，我們的想法、衝動、好惡都「操之在己」，但身體、財產、名聲、地位則「操之不在己」。我不完全同意他的觀點。首先，我的想法見解會經由閱讀、聽聞和討論而受到他人影響；再者，衝動與好惡似乎很高比例是建立在直覺與本能，我自己頂多是決定是否將之付諸實行。（彷彿是為了印證這番想法，路旁櫥窗內賣相極佳的義式冰淇淋不斷向我招手，但我肚子不餓，且冰淇淋對腰圍有害無益，於是我忍。）反過來說，我可以透過運動和飲食保養身體，也可以衡量手頭預算進行消費，就連名聲也能藉由與同事、學生、家人、朋友好好相處來建立。更甚者，目前我沒有官職，但若真心追求一定會有機會，好好努力亦能成為候選人爭取選票。

然而，在與斯多噶大師的對話中，我赫然察覺自己掉入了二十一世紀人的自以為是。以愛比克泰德的縝密思維，這些他當然全都明白，換言之，那番話應當有字面之外的意義。對此我也沒什麼好訝異的，畢竟所有文字都應該配合背景脈絡加以詮釋。但為了理解脈絡，我需要一些指引，所幸導師正伴著我漫步廣場。我問他：「你怎麼看我剛才的反駁？」

一如往常，愛比克泰德以比喻來闡釋：「人生恰似行船。船行順利嗎？那天、那刻悉心揀選舵手與船員，啟航之後卻遭遇風雨。該介懷嗎？能使的力都使了，接下來只能交給別人，也就是讓舵手處理。天候不佳，無法航行，船上眾人茫然失措，問起：『現在吹什麼風？』『北風。』風向不對，能怎麼辦？『什麼時候吹西風？』先生，會吹西風的時候自然就會。」[4]

從他的舉例可以發現斯多噶對於控制採取二分法：有些事物可以控制，其餘則否。這種二分法實際上呈現出我們對於世界的影響可分作三個層次：其一，是自己做出選擇，找到目標（航程），以及當下看似最好的達成途徑（有經驗的船員）；其二，我們必須明白一開始的選擇並不保證成功，比方說找來的舵手也許會生病，要不就開出我們負擔不起的價格；其三，有些因素完全超出我們的掌控，非人力可及，像是風力強弱和方向。

撰寫本書的過程中，我就經歷了活生生的例子可呼應愛比克泰德的說法。我和好友搭機前往倫敦參與一場結合音樂與哲學的活動，旅程大半平順，我們兩人準時出發，搭乘主辦單位建議的航班（所以有了交通工具和「舵手」）。但就在飛機即將降落蓋威克機場（Gatwick Airport）時，遇上完全超出掌控的事件：我們都已經看見機場跑道了，但大型噴射引擎轟然作響，所有人感受到速度驟變，緩緩下降的空中巴士驀地拉升，非常刺激。機長很鎮定，透過廣播系統告知旅客因機場「調度問題」，所以要在空中盤旋後重新降落。結果這只是委婉之詞，真相是我們「差點與跑道上另一架飛機相撞」，而塔臺竟完全沒察覺！多虧機長反應迅速、空中巴士引擎強勁，大夥兒才平安無恙。不過這些事情有誰能夠操縱呢？要不是鄰座靠窗的乘客目睹整個過程並現場轉述，我恐怕一輩子都不知道真相。奇怪的是，整個過程我心裡異常平靜。我以前就常想像搭飛機時說不定什麼時候就會碰上意外。「先生，會的時候自然就會。」老哲學家說得一點也沒錯。

愛比克泰德的重點是：人類有個奇怪的傾向，老是擔憂、甚至將精力集中在根本無法控制的事情上。斯多噶的立場反之，主張將注意力放在自己能控制或影響的部分，好比說確認自己真心想要展開旅程，也有好的原因這麼做；付出足夠的時間尋找最合適的船員（或航空公司）與船隻（或飛機）；為行程做出相應的準備。因此，斯多噶主義的第一課就叫做「謀事在人，成事在天」，這麼想不只更有效率，也會減少許多無意義的憂慮。

西塞羅提出的另一個比喻，說明了同樣道理。想像有個弓箭手要命中目標，西塞羅認為，他能控制的有以下幾項：練習的頻率與強度、根據距離與目標來調整使用的器具、瞄準時盡全力、決定什麼時候放箭。換句話說，認真的弓箭手會在箭矢離弓之前做到盡善盡美。問題來了：箭能不能命中目標呢？顯然不全由他自己做主。5

突如其來的風可能改變箭的方向導致錯失目標。也可能有什麼東西無預期地闖入弓箭手和目標之間，譬如車輛正好經過之類的。最後，目標本身可能會移動閃避飛來的攻擊，這是瞄準敵方士兵最常遇上的情況。所以西塞羅的結論是，「人可以選擇命中，卻不能強求命中。」這句話乍看莫名其妙，但推論到此意義已經清楚明白：斯多噶的弓箭手經思慮後選擇要命中目標，並盡己之力去達成這個目的，但他同時也接受不如人意的可能性，畢竟干擾因素太多，結果如何不受自己控制。我們決定要做的每件事幾乎都是如此的情況。

斯多噶式控制二分法

至此我終於明白愛比克泰德先前那番話，正是生活中反覆上演的情節。想想我們對自己的身體有多大程度的「掌控」吧。我從小就為了體重這檔事苦苦掙扎。身為一個胖嘟嘟的男孩，可以想見很容易淪為同儕取笑的對象。進入青春期以後，我內心的不安全感加深，甚且影響到人際關係，特別是面對異性的時候。

後來我逐漸調適心態，但體重依舊不受控制，恐怕也無法控制。但在這裡，斯多噶的觀點對我很有幫助。首先，體重問題有可能來自基因（父親的精子與母親的卵子的亂數結合），也有可能是早期成長環境影響。我是由祖父母養育長大，他們給我吃什麼我就吃什麼，給我吃多少我就吃多少，什麼時候給我吃我就什麼時候吃。如今我成為生物學家，主攻先天後天之分，我可以肯定地告訴大家：嬰幼兒成長初期，基因與環境的相互作用能夠決定人的一生。

但千萬別因此陷入宿命論或無助感而難以自拔。成長、成熟、成為大人的關鍵之一，就是對生命有更多的控制權，其中包括飲食的內容和分量，運動與否及頻率等等。因此即便開始得還是太慢，但我下定決心維持適量運動已經超過十五年了，用意是維持肌肉結實和心肺功能，同時我也開始認識營養學的基礎知識、看清楚食品標示，盡可能吃得健康又適量。儘管不小心仍會破戒，但還是有了好的成果：我不只更健康了，體態也變得更好，心理上也感覺越來越好。可惜我依舊無法、可能這輩子都無法像別人一樣擁有苗條或健美的身材，無論他們是天賦異稟或是透過自身努力，其中當然同樣摻雜了基因與早期發展的因素。對此，以前我會耿耿於懷，充滿挫折感，但現在不會了，因為採取斯多噶的思維之後，我明白自己能控制什麼（飲食與運動）和不能控制什麼（基因、早期成長，以及包括運動效果在內的許多變因）。結論是，我對於自己的身體與健康終於能夠泰然處之，就像西塞羅說的「可以選擇，但不能強求」。雖非盡如人意，但我無愧於心，所以沒有遺憾。

斯多噶式的二分法可以運用在人生各種場合。比方說升遷機會到來，而你為公司效力多年、表現出眾，與同事和上司也保持良好關係，在你看來得到拔擢是理所當然。假設你明天就會知道升遷是否順利。若你採取斯多噶的態度，你就能夠安然入眠，醒來時自信而非無奈地面對結果。這份信心並非來自結果，因為結果在你的控制之外，受到諸如公司政策、主管偏見、競爭多寡等因素左右；你的信心來自你已經盡力，盡不盡力才是你能控制的，或者反過來說，你能控制的只有是否盡力。宇宙運轉不息，未必總是能回應我們的心願。上司、同事，乃至於股東、客戶，以及其他許許多多元素都是宇宙構成的要素，誰何德何能一定可以心想事成？

或者想像你為人父母，有個青春期的女兒，明明童年幸福美滿、在你眼中關係親密，這會兒她卻忽然叛逆起來。很多人的反應是後悔，懷疑自己沒在孩子長大前付出更多，儘管根本想不出還能付出什麼。此外，你也有深深的無力感，覺得沒辦法控制相處的氣氛，因為孩子對你不理不睬、甚至好像鄙視你（至少偶爾）而受挫。愛比克泰德告訴大家：別浪費了情緒能量。我們無法改變過去，那超出我們的能力範圍。我們可以也應該記取教訓，但能夠把握、能夠努力的只有當下。因此，正確的態度是確認自己善盡養育之責，並堅定陪伴女兒度過這段生命中特別艱難的時刻。能做到這些你就應該安心了，無論未來如何發展，淡然處之是最佳選擇。

請注意，我並非要大家聽天由命或妄自菲薄。斯多噶主義時常被曲解為一種消極的哲學，但消極、消沉不僅與斯多噶的內涵相違背，也不符合斯多噶的行動。歷史上知名的斯多噶人有教師、政治家、將軍、皇帝等等，自暴自棄不是他們的作風。相反地，斯多噶人會明確分辨可以控制的內在目標，以及能影響卻無法決定的外在結果。一如《寧靜禱文》所言，能否明辨其間差異正是成熟睿智的指標。

還有一個知名案例顯示出斯多噶如何從容不迫面對困境，我遭遇難關時常常以此自勉，並慶幸自身處境不像故事主角那樣驚濤駭浪。帕科紐斯·俄圭皮努斯（Paconius Agrippinus）是公元一世紀的斯多噶人，他父親被提庇留大帝（emperor Tiberius）以謀反罪名處死，結果到了公元六十七年，尼祿皇帝以同樣手法對付他（恐怕也是莫須有）。愛比克泰德記錄當時情況：「有人向他通報，『元老院對你發起審判了！』『這樣啊，但也五點了。』他習慣那時做運動、泡冷水澡，便表示要『去動動筋骨』。運動到一半，又有人來通知，『你被判刑了。』『死刑還是流放？』他只是這麼問。『流放。』『財產怎麼處理？』『不必充公。』『那好，去阿里恰用晚餐吧。』」[6]俄圭皮努斯的反應聽起來或許傲慢，很像好萊塢電影裡永遠臨危不亂的男主角（可能由卡萊．葛倫〔Cary Grant〕或哈里遜．福特〔Harrison Ford〕出演），與現實人生脫節甚遠。然而，這就是斯多噶的力量所在：明白我們僅能控制自身行為而非事件結果，更不可能操縱別人的作為，將這個基本事實加以內化，於是坦然接受任何發展，因為已經盡了力而心靈平靜。

附帶一提，俄圭皮努斯的朋友兼元老院議員（也是斯多噶人）普布利烏斯．克洛狄烏斯．特拉塞亞．帕埃圖斯（Publius Clodius Thrasea Paetus）也被尼祿身邊的佞臣構陷，不幸遭處羅馬人委婉名之為「自願死」（*liberum mortis arbitrium*）之刑，實際上就是強迫自盡。得知此事，他淡淡地向同桌用餐者告辭，請宣旨官員一起進入臥室見證他割腕，等待生命流逝的過程中仍與對手兼好友犬儒派哲學家德米特流斯（Demetrius）繼續辯論靈魂的本質。

俄圭皮努斯和特拉塞亞的確膽識過人，我們則可以慶幸自己並非生活在喜怒無常的暴君統治下——雖然尼祿之後的兩千多年裡這種統治者依舊多的嚇人。上述兩個故事的重點在於控制二分法的基本概念與意涵。如果我們認真思考下去，會發現絕大多數的事情，無論細瑣或深遠，都不真正受我們所掌控。由此進行邏輯推論，得出的結論同於佛教或其他許多哲學和宗教思想的主張：**人該練習放下執著**。這個道理很微妙，常導致對於斯多噶的另一種誤會。對此愛比克泰德直截了當解釋給我聽，而我後來才明白他這是當頭棒喝，因為震撼過後更容易敞開心胸接納原本陌生的觀念：[7]

> 如何適當訓練？最要緊、可謂跨門檻之步在於若內心執著某物，不是指那些無法被剝奪的事物，而是例如水壺、水晶杯之類的東西，就先牢記其本質，損壞時才不會心煩意亂。面對人，道理不變，親吻兒女、手足、朋友時……提醒自

己，心愛的對象是凡人，所愛的一切皆不屬於我們，只是過客無法永恆。無花果和葡萄順應季節生長，入冬還巴望著未免太傻。面對兒女或朋友也一樣，若他們不在身邊，心裡就得記住寒冬想吃無花果不啻緣木求魚。

人不該輕易屈服於情緒

建議在此稍微暫停，重新讀一遍上面這段話，反覆思考。多數人可能和我一樣，說到水壺與水晶杯時馬上就能理解，畢竟身外之物確實無須執著，儘管事實上很多人很執著。一個餐具（或一支iPhone），壞了就壞了，很貴也罷（可惜沒有便宜的iPhone）。然而，話題轉到兒女、手足、朋友時，我們會一臉錯愕，暗忖這位哲人太不人道，竟要大家不在乎親友？甚至將之比喻成當季或過季的水果？

可是待我靜心沉思，就明白愛比克泰德並非要大家不在乎親友。儘管忠言逆耳，但他說的是真理。斯多噶主義的起源與發展是政治動盪不安的年代，生命可能一眨眼就變了樣，死亡並非特定年齡、特定階層才要擔心的事。馬可．奧里略雖然晚了愛比克泰德一個世紀，但深受這位希臘哲人影響，而縱使他貴為皇帝又時值羅馬帝國巔峰期，也得面對生離死別：十三個孩子裡僅得一男，只有四個女兒比父親長命。別忘記皇帝的物質、飲食、醫療必然都是那個年代的頂級。（奧里略有古時最出名的蓋倫醫師為其診療。）

回歸主題，前面提過愛比克泰德收養朋友遺孤，讓孩子免於一死，由此可見哲人心懷慈悲，沒有血緣的人也願意照顧。他的那番話是期許世人鼓起勇氣正視現實，所謂的現實包括人都難免一死，還有平時大家心裡想著「自己的某某某」，真相卻是我們不曾真正擁有誰。理解這一點以後，摯愛的人死去也不至讓人崩潰，親朋好友遷居異地我們心裡依舊能平靜。（古人會遭君主放逐，現代人也會因經濟或動亂因素遠走他方。）正視現實也提醒我們要把握機會好好與親友相處，別將一切視為理所當然，否則回神時可能來不及了，「賞味季節」已經過去。我們應該「活在當下」（*hic et nunc*）。

去年夏天我也被命運硬生生逼著面對現實。當時我前往伊斯坦堡僅僅三天，行前家人提醒我那裡前幾日才發生了激烈的恐怖攻擊，當地狀況混亂。但我認為正因為剛經歷一次事件，政府必定高度戒備，短期內再度發生恐攻的機率反而低，風險在可接受的範圍內。果然我沒料錯。然而我漏算了一點，就是爆發政治衝突的可能性。

某天晚上我與朋友去了一家很棒的克里特餐廳，地點位於伊斯坦堡的歷史城區。時間已經不早，但旁邊竟有一整桌客人，而且每個都盯著手機不放。起初我以為又目睹了現代科技造成的負面影響：大家寧可看臉書也不和面前的人聊天。很快地我發現自己認知錯誤（斯多噶人的說法），不能輕信第一印象，因為他們太專心、神情太憂慮了，不符合我的那種想像。後來我才得知，原來媒體正在報導政變消息。不過我們這桌人出乎意料冷靜，喝完酒還繼續暢聊。當地朋友說起相關歷史，描述時任總理的雷傑普．塔伊普．艾爾多安（Recep Tayyip Erdoğan）如何帶領政府漸趨威權、強勢支持伊斯蘭。

但重點還是因應變局。傳言說所有橋梁遭到軍方封鎖，果真如此我們根本無法回到位於市中心的旅館。不過後來發現只有博斯普魯斯海峽上連結歐亞的兩座大橋無法通行。由於招不到計程車，我們一行人決定步行回去。我們看見警車擋住部分街道，好奇民眾到處晃蕩。所幸社交平臺運作正常（其實從頭到尾資訊都十分流通），我們能與家人報個暫時的平安。

現場氣氛出奇平靜，很多人抽著菸在橋上釣魚，與普通夜晚沒兩樣。我們帶著困惑走回到旅館休息，幾個鐘頭之後便聽見直升機與戰鬥機掠過天際，遠方有一兩次巨大爆炸，聽說地點就在塔克辛廣場。隔天早上醒來感覺什麼也沒變，外頭依舊行人絡繹（數量是少了些）、咖啡店照常營業（博物館休館的比較多）。機場尚未重啟，我們保持低調未走遠並隨時收發訊息，終於得知航班更改時間但沒有取消。為此我們必須半夜前往機場，經巴黎轉機後就能回到紐約。

問題來了：去機場的道路被示威民眾堵住。明明有上千傷亡發生於首都安卡拉和一些小城市，仍有許多人上街慶祝政變失敗。一般來說被亢奮群眾擋路不是好事，和對方語言不通更是糟糕，何況現場主要是年輕男性，他們正因為家園的流血衝突而激動。計程車司機眼見進退兩難，忍不住朝其他駕駛嚷嚷，頓時陷入箭在弦上的緊張氣氛。儘管看似險阻重重，我們還是順利到達航站辦理登機，平安飛往歐洲、轉抵美國。

身為斯多噶主義的學子，這個經驗最大的啟示呼應了本章陳述的基本原則：生命中受自己掌控的事情少之又少。我每天默唸這句話，努力將之烙印在心底，但社會秩序驟然瓦解時感觸特別深刻。再者，我很訝異伊斯坦堡的驚魂二十四小時內，自己與旅伴表現得如此鎮定。的確我們並未遭遇顯然的人身危險，但現場氣氛緊繃，尤其聽見軍機在空中盤旋、遠處發生爆炸，通常會讓人至少有點慌張。第三，搭車前往機場途中示威民眾高聲歌唱，我意識到人心的恐懼和憤怒多麼容易被操弄，也因此更贊同斯多噶的主張：人不該輕易屈服於情緒，而是保持認知、培養正面態度。以這個例子而言，甚至可以理性分析前因後果、預測國家未來的發展趨勢。總而言之，這趟伊斯坦堡之行是很特別的一堂課，我益發感受到斯多噶主義對社會的幫助——當然不局限於軍事政變的場合。

原文注

1 Solomon ibn Gabirol, *A Choice of Pearls* (New York: Bloch Publishing Co., 1925), chap. 17, verse 2.

2 *The Way of the Bodhisattva* (Boulder, CO: Shambhala Publications, 2008), chap. 6, verse 10.

3 Epictetus, *Enchiridion*, I.1.

4 Epictetus, *Discourses*, II.5, I.1.

5 Cicero, *De Finibus Bonorum et Malorum* (About the Ends of Goods and Evils), III.22, in *Complete Works of Cicero* (Delphi Ancient Classics, 2014).

6 Epictetus, *Discourses*, I.1.

7 同上，III.24。

第四章

順應自然

若果如此，我們說人性是文明、情感與信賴，還有何不可思議？

——《語錄》IV.1，愛比克泰德

古時候的斯多噶人有個著名的特點是大量發明新詞彙，用以解釋自身的哲學供他人理解，並藉由短而精練的用語提醒自己把持基本原則。其中一則警句早在芝諾那個時代就已經出現，也就是說我們應該「順應自然」（live according to nature）。

什麼？我不禁竊笑質問愛比克泰德：難不成斯多噶主義變成擁抱樹木的新時代思想★了？他淡淡表示並非如此：「活出人的本性已然不易。人是什麼？會死亡但具備理性的動物。若問理性使人異於何者？答案是猛獸的野性，或綿羊的盲從。遵循理性，行為便不會如同畜生，否則等於扼殺內在本性，活得不像人。」[1]

對古人而言，人類顯然是動物界的特例。亞里斯多德的名言說「人是理性的動物」，但這句話的意思並非我們永遠保持理性，畢竟可見太多反證。他想說的是：我們**能夠**運用理性。此外，亞里斯多德進一步指出人類是政治性動物，這句話同樣不代表我們每天都在競選和演說（當然，政治活動確實是社會一環），而是指人類在城邦（*polis*，指集體生活的狀態）才能生存，更重要的是繁榮。亞里斯多德認為人類本性包含社會與論理兩個層面，斯多噶主義則將其結合為：人類生活就是在社交中運用理性。亞里斯多德的見解和斯多噶有微妙但重要的差異：

★譯按：New Age，六〇至八〇年代西方興起的社會與宗教運動。

他主張思考是人類生命的最高意義，因為動物界中唯有我們具備如此特殊的能力。然而不難想見這番說法可能產生一種「超然物外的存在」的想法，因此斯多噶將重心導向社會面，主張人類生活的目標是善用理性，盡其所能打造最完美的社會。

不過現代社會面對另一個問題：對人性的定義開始產生分歧。科學家與哲學家對於古聖先賢的見解越來越難以接受，有些人認為上述說法是狹隘的世界觀並將之摒棄。在我看來，他們犯了很大的錯誤。

社會性又理性的人

直到十九世紀中葉，西方世界仍然認為包括人類在內的所有動物，皆由全能的上帝一個個親手製作。據此前提，西方社會不難接受亞里斯多德的觀點，並從宗教角度加以詮釋：上帝依自己形象創造了人類，所以人類很特別，存在的意義就是信仰上帝、實現上帝對宇宙的計畫。

但之後達爾文於一八五九年發表《物種起源》（*On the Origin of Species*），

並與研究夥伴羅素．華萊士（Alfred Russel Wallace）收集大量實證資料支持兩個革命性的論點：第一，地球上所有物種系出同源，彼此關係有如手足、表親、祖孫，族譜可以追溯至生命產生的瞬間；第二，目前世界上多彩多姿的生物恰好是處於各自適合的生存環境，原因則在於「天擇」的自然過程。《物種起源》提出後，天擇成為實驗室與田野調查的熱門項目，但其原理相當簡單。達爾文和華萊士發現自然存在的動植物群體內有一定程度的特徵差異，比方說有矮小的個體就有較高的個體，有些葉子較綠而其他的偏黃，每個成員的新陳代謝快慢不一等等。進一步觀察，有機體的突出特徵通常會在所處環境中造成生存的優勢或劣勢，例如某些形狀的葉片適合陽光充足但水分少的沙漠，其他形狀的葉子則適應陽光少但水分充裕的雨林底層。換言之，各種特徵影響著生物學上所有生命體的兩大任務，其一是生存，其二則是繁衍。《物種起源》也指出親代與子代的特徵關聯，也就是特徵一代傳一代。（當時達爾文尚未明瞭遺傳機制，但同期科學家孟德爾已經發現基本原理，可惜其研究要到一九〇〇年才獲得重視。）綜合特徵差異、適性高低以及遺傳三個要素，結論就是適者生存並能繁衍更多後代，而更多後代代表該特徵更加普及。除非環境起改變、有利不同特徵，天澤演化才會朝新的方向前進。

這與人性有何關係？所有認為人類有其核心特質的說法都遭到達爾文演化論的重擊，亞里斯多德和斯多噶人亦無法倖免（幾乎所有古代論述都遭殃）。愛比克泰德說：「若問理性使人異於何者？答案是猛獸的野性，或綿羊的盲從。」沒有錯，人類和野獸、綿羊確實很不一樣，問題在於我們與其他靈長類，尤其猿類，是否差距也很大？現代生物學給了否定的答案：以基因組作為客觀標準，人類和黑猩猩的差距不過百分之四到五。雖然就演化角度而言這個數字不算小，但可以想見若亞里斯多德地下有知會有多訝異。更甚者，生物學家發現很多人類自以為獨一無二的特徵，其實並非獨占。我們不是唯一懂得構成社會、團體合作的物種，亦非唯一會使用工具的生物，就連複雜溝通和所謂道德行為，也不是人類專屬的特權（能在倭黑猩猩以及其他靈長類身上看見）。[2]

人類仍然保有某些獨特性，像是文法特別複雜的語言、嬰兒頭部比例特別大且隨成長拉長、左右腦特別對稱且具有個殊功能，其中特別重要的語言功能位於左腦，諸如此類。哺乳類之中，人類腦部占身體比例最大，然後有個奇怪的特徵是，所有猿類和舊世界猴（即猴科）之中，僅人類的陰莖不具骨骼。[3]

從上面不完整的列表可以察覺一件事：比較項目多半是量化而非質性，例如腦部較大、對稱性較高、嬰兒的腦部除了大還會變得更長。也就是說，我們與其他動物的差異在於程度而不是性質。雖然有非量化的特點，但可能與亞里斯多德或斯多噶無關——陰莖沒有骨頭實在很難與理智、思維、德性沾上邊。最可為的特徵或許是語言，可惜學者對於語言的構成要素尚未取得共識[4]，無法和別的訊號及溝通模式徹底劃分。

我拒絕基於生物學而對人性採取懷疑論，原因不是我對人性本質抱持狂想。恰巧相反，我是因為接納現代生物學並認真思考後，才得到這個結論。科學研究的確顯示一點：物種差異是建立在各特徵的「量」上，人類並不例外。然而，研究也清楚指出多細胞的複雜有機體，尤其人類所屬的脊椎動物中，同物種的個體特徵差異小，異物種的個體差異則很大（一定有例外，生物學家常說生物學唯一無例外的規則，就是總會有例外）。再說得直白些：你我外觀言行屬於智人（*Home Sapiens*），而不是演化族譜上血緣最接近的黑猩猩，顯而易見的事實不需要生物學位也能判斷。有了這個前提，探討人性就不會是白費工夫，就生物特徵而言，人類與最接近的物種有足夠區隔，而且特徵之中正好又有許多項目與我們特別突出的社會能力或腦力相關。基於人性的這個兩個面向，也就是社會性與理性，斯多噶主義主張人類例外論（human exceptionalism）。

是或不是，該與不該

談了很多生物學的人類性質，但近年來人類例外論在許多學術領域遭到挑戰，哲學界尤其嚴重。質疑者主要根據兩點，在此我們必須先稍加檢視，再回頭聊愛比克泰德。有些哲學論點一如先前所述，認為達爾文理論已經擊潰本質主義；也有學者走向相反路線，不從基因下手，而是由文化人類學切入，得出的結論是人類行為的可塑性太高，受不同時空各種變數影響，既然人性本質不具統整性，自然無法進行有意義的討論。

後面這個論點有兩個奇怪的地方。首先，如果人類文化真的那樣變化多端，豈不是在動物界之中更顯突兀，因此更容易和其他物種做出區別。再者，認真追究的話，人類有些特徵似乎不會隨文化變動，也就是說人類行為的彈性仍有其限度。不變的部分包括使用曆法（記錄時間流動）、宇宙觀（解釋世界現狀和形成）、占卜、葬禮、財產繼承、說笑話、成年禮俗、靈魂或類似概念、懂得製作工具。（請注意，此列表並非說明人類獨有的特性，好比說也有其他物種懂得製作工具。）[5]

追根究柢，生物變異和文化多元似乎都無法有效推翻古人陳述的顯著事實：地球生物經過數十億年的演化，人類仍舊與其他物種存在巨大差異，其中有好（文化和科技的驚人成就）也有壞（破壞環境、對異類和同類造成苦難）。種種異同中最重要、最值得注意之處並非少一根骨頭那麼枝微末節的事，而在於人類的社會能力與心智能力——也就是為何我可以寫出你正在看的這本書，以及為何你對這本書的內容會感興趣。

現在我們終於可以更準確地探討本章開頭的問題，以及愛比克泰德的回應。「人是什麼？雖會死亡，卻具備理性的動物。若問理性使人異於何者？答案是猛獸的野性，或綿羊的盲從。」他繼續解釋：「若舉止如綿羊，則你之中的『人』會消亡。若問人如何舉止如綿羊？受食慾或激情指揮時，行為紊亂、汙穢、輕率時，豈不與綿羊無異？此時壞了什麼？理智。至於好鬥、胡鬧、氣憤、粗暴時，不就淪為猛獸？」[6]愛比克泰德表示，人類與其他物種的不同在於理智，並主張倫理道德應運而生：我們舉措不應如同猛獸或綿羊，否則等於泯滅自身的人性，人性應是我們最寶貴（且自然）的特質。至此，大家應該能理解為什麼「順應自然」與擁抱樹木沒有關係。

如此一來，就哲學層面又出現了其他問題。愛比克泰德和其他斯多噶人是不是犯了常見的「訴諸自然」的邏輯謬誤，也就是錯誤假設任何來自自然的事物就必定有益身心，忽略事實上很多自然存在的事物對人類有害。（我腦海中浮現出毒蘑菇。）訴諸自然造成的倫理學問題有漫長歷史，蘇格蘭啟蒙運動的重要哲學家大衛．休謨（David Hume）爬梳以後，發現一個特定的行為模式：

> 我注意到自己接觸過的每個道德體系都一樣，起初作者照平常方式進行推理，論證神的存在或對人類事務做出觀察，但突然間發生令人錯愕的轉變：命題跳脫「是或不是」，進入「該與不該」。這種變化發生在不知不覺中，卻極其重要，因為「該與不該」是一種全新的關係和主張，必須論述說明；同時，由於這個新的關係與其他論證完全不同，如何推導得來難以理解，需要進一步解釋。[7]

大衛・休謨在此提出的是哲學經典問題，後世簡稱為「實然／應然之分」。強調「如何推導得來難以理解」的人，將休謨的說法詮釋為實然應然之間的鴻溝無法跨越；也有較保守的人指出，若想要連結實然與應然，必須提出合理解釋（也就是「必須論述說明」和「需要進一步解釋」）。無論休謨原意為何，我個人傾向第二種觀點。[8] 在我看來倫理道德有其根源，從人類本性加以闡述似乎是最佳途徑，古希臘羅馬哲學家、尤其斯多噶主義者就採取此種取徑。

現代探討道德起源大略可分成四種路線，哲學家則喜歡稱作「後設倫理學」的四種立場：懷疑論、理性主義、經驗主義、直覺論。在此脈絡下，懷疑論者基本上主張我們無法得知倫理學的判斷是否正確。舉例而言，道德懷疑論者認為「殺人不對」這句話犯了「範疇錯誤」（category mistake）[9]：將不相屬的概念混淆為一，譬如事實陳述（有人被殺）和價值判斷（某行為不對）。顯然懷疑論者眼中的實然與應然無法結合，事實與判斷之間互不相關。可想而知，道德懷疑論者在宴會上不大受歡迎。

哲學中理性主義的基本立場就是除了觀察和實驗外，人類單憑思考也可以得到知識。雖然造就所謂扶手椅哲學家★的刻板印象，但別急著笑：一直以來理則

★編按：armchair philosopher，通常指不諳哲學邏輯的半吊子哲學家。

學家與數學家確實透過理性主義途徑生產新知，因此問題關鍵在於倫理是否類似數學或邏輯，而這種觀點同樣有人支持、有人反對。

經驗主義通常作為理性主義的對立面，認為人類終究要經由觀察和實驗等等實證基礎才能建立知識。科學當然就是最具經驗主義色彩的領域，主張從經驗中得到倫理知識就是試著以科學方法架起實然與應然之間的橋梁。

最後，直覺論的觀點是倫理知識無須藉由觀察或邏輯進行推導，而是內建於心智的特質，我們自有強烈的直覺知道何對何錯。此話怎說？舉例而言，先前提到其他靈長類也有原始的道德行為，同類看似遇上危難時，即使並非親屬也會伸出援手。倭黑猩猩當然沒讀過解釋是非對錯的哲學著作，只是根據本能而行動。這種本能直覺或許經過天擇存在體內，因為利社會行為對於群體存續具有關鍵作用。由於人類和倭黑猩猩的祖先是近親，人類的祖先曾經以小團體形式生活，需要利社會行為，我們具有道德直覺或者說道德直覺是從先於我們的靈長類遺傳下來，並非天馬行空的想像。[10]

斯多噶主義對倫理學採取的態度很有趣，不真的落入前述四種範疇，可視為直覺論、經驗主義和理性主義的綜合體，但肯定與懷疑論絕緣。斯多噶對人類倫理抱持「發展」的論點，也就是初誕生時（尚無理性）僅憑本能，偏袒自己以及包括父母、手足或其他親人等等每日互動的對象。這個階段的人類本質是純粹的直覺，倫理本能銘刻於基因。

成長以後倫理觀念隨理智擴張，一般來說發生在六到八歲間，[11]此時人類開始能明確分辨思維和行為的差異，對周遭環境與自身處境的認知也逐漸加深。接下來則結合自我反思與經驗，也就是同時運用理性主義和經驗主義，強化、甚至矯正直覺。斯多噶主張人隨著心理和智能成熟，**應當**逐漸從本能轉向（基於經驗的）推理。對話中，愛比克泰德對我解釋：「理性動物的本性就是先對群體有貢獻，才從群體得利益。於是事事為自己著想卻不脫離社會。」[12]這句話帶我們回到人性本質的問題。愛比克泰德之前提到，人性的根本之一是社會性，這個描述並不局限於我們喜歡他人陪伴，而是缺乏他人幫助的話，我們無法真正存在。其延伸意義則在於，我們服務群體的同時，實際上可能間接地服務了自己。愛比克泰德這番人性論述極具洞見，呼應了十六個世紀之後的科學發現：人類演化自社會性靈長類，與族譜上的表親們一樣具有利社會本能。

但將斯多噶學派對人性的見解融會貫通者，或許要屬二世紀另一位哲學家希洛克勒斯（Hierocles），可惜他的《倫理要素》（*Elements of Ethics*）一書只剩斷簡殘編。我們對希洛克勒斯所知甚少，僅止於奧盧斯．格利烏斯（Aulus Gellius）形容他為「肅穆莊嚴的人」。而希洛克勒斯曾說：

> 我們每個人都身處於許多的「圈」……首先是最近、以自我為中心的圈……包覆第一圈、距離中央稍遠的第二圈，屬於父母、手足、妻小等等……下一個圈是鄰人，再來有同聚落、同國家……最外圍也最廣闊的，涵蓋所有小圈的大圈代表全人類……身為人，在每個圈內舉措合宜，使各圈圍繞一致中心，並盡可能將外圈者視為內圈者。13

作為斯多噶主義者，理所當然實事求是，因此希洛克勒斯還指出如何內化這套觀念，理解所有的圈都與我們切身相關。舉例來說，他建議他的學生稱呼陌生人為「兄弟姊妹」，若對方年長則稱「叔叔嬸嬸」，藉此提醒自己對待任何人都像對待親人，因為透過理性辨析可以說大家都同在一條船上。時至今日，仍有許多文化包含類似習俗，與希洛克勒斯在人類心理學上殊途同歸。

斯多噶學派將倫理的概念發展到極致，稱之為 *oikeiôsis*，通常翻譯為**待人如己**。這個觀念導致他們（以及時代更早且深深影響斯多噶派的犬儒主義）創造並使用一個新詞彙，而且這個詞到了現代還是相當重要：「世界主義」（cosmopolitanism），也就是「成為世界的一員」。在希臘哲學史上舉足輕重的蘇格拉底也說過：「注意……如果有人問起自己的出身背景，別回答『雅典』或者『科林斯』，告訴對方『我是宇宙的一份子』。」[14]

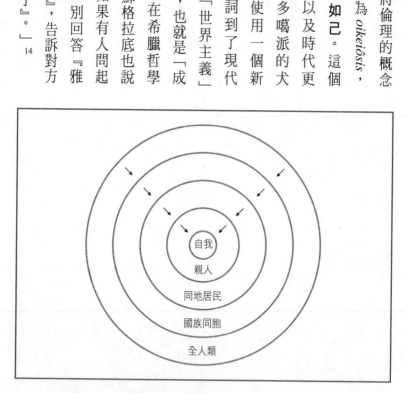

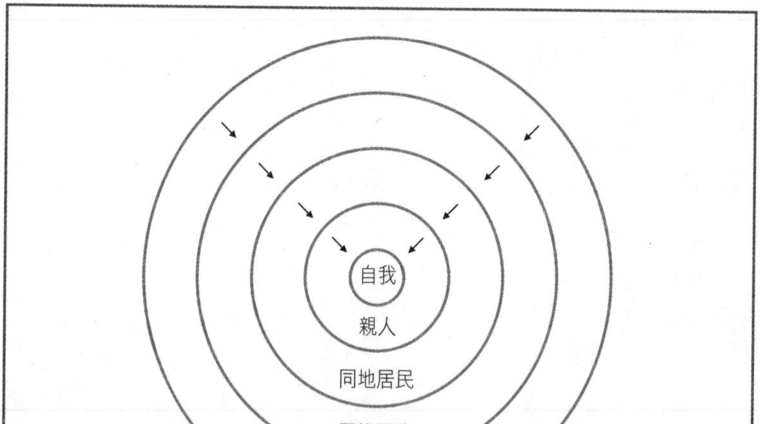

圖 4.1　依據希洛克勒斯的論述描繪的斯多噶世界主義結構，以層層同心圓代表關注焦點。我們應訓練自己將位於外圈的他人視為內圈成員對待。

原文注

1 Epictetus, *Discourses*, II.9.
2 Frans de Waal, *Primates and Philosophers: How Morality Evolved* (Princeton, NJ: Princeton University Press, 2009).
3 關於人類陰莖沒有骨骼或其他生理特徵，參考 Robert D. Martin, "The Evolution of Human Reproduction: A Primatological Perspective," supplement, *American Journal of Physical Anthropology* 134, no. S45 (2007): 59–84。
4 人類語言特殊性和相關主題，可參考 Chet C. Sherwood, Francys Subiaul, and Tadeusz W. Zawidzki, "A Natural History of the Human Mind: Tracing Evolutionary Changes in Brain and Cognition," *Journal of Anatomy* 212 (2008): 426–454。
5 完整的人類共通特性列表（當然這個主題可以持續探討和修正），可見於 Donald Brown, *Human Universals* (Philadelphia: Temple University Press, 1991)。
6 Epictetus, *Discourses*,II.9.
7 David Hume, *A Treatise of Human Nature* (London: John Noon, 1739), 335.
8 時至今日，仍有許多人認為道德明顯源於神。這個論點不同於神是否真實存在，而且早在兩千四百年前就被否定，反駁者正是對斯多噶影響極深的蘇格拉底。可參考我的著作 *Answers for Aristotle: How Science and Philosophy Can Lead Us to a More Meaning ful Life* (New York: Basic Books, 2013) 第十八章。
9 範疇錯誤這個概念或許以哲學課的典型舉例來說比較容易理解。如果有人問：「三角形是什麼顏色？」乍看之下好像是個玄之又玄的問題，實際上卻只是將一個範疇（顏色）強加在該範疇不適用的概念（三角形）上。三角形是抽象幾何，能夠以角度、面積等詞彙形容，卻無法對應於色彩，除非限制在某個特定的三角形，或許具有某種顏色。在派對上提出這個問題也許能讓對方楞個幾秒鐘，但記得趕快走開，不然人家很快就會想通。

10 有關道德直覺的概念，參考 Stephen Pinker, "The Moral Instinct," *New York Times Magazine*, January 13, 2008。

11 古人提出五到七歲（或六到八歲）的理性轉變期已經在心理學和神經科學領域得到大量資料佐證，參考資料之一是 Arnold J. Sameroff and Marshall M. Haith, *The Five to Seven Year Shift: The Age of Reason and Responsibility* (Chicago: University of Chicago Press, 1996)。

12 Epictetus, *Discourses*,I.19.

13 *Ethical Fragments of Hierocles, Preserved by Stobaeus*，譯者 Thomas Taylor (1822)。參見 "How we ought to conduct ourselves towards our kindred" 相關章節。

14 Epictetus, *Discourses*, I.9.

第五章

與蘇格拉底玩球

外物無謂，但我們如何處理卻有其意義。

——《語錄》II.5，愛比克泰德

前一章討論「順應自然」時，我指出斯多噶學派習慣言簡意賅地總結他們的哲學思想。後來我發現這種做法背後有幾個理由。首先，提醒自己避免落入空談，著眼實務。格言的作用是要有益德性的改進（*prokoptôn*），也就是幫助斯多噶的學生有所成長。舉目所見，現代社會的保險桿貼紙、T恤圖案上也有許多口號，但通常只是象徵成員身分，或者作為形而上的棍棒毆打立場扞格者。斯多噶學派不同，累積格言是為了時時警惕自己、進行每日沉思，並作為迷惘時的指引。也就是說，斯多噶的語言究其本意無須寫在衣物上（當然如果你身為教師，可能有無法避免的場合）。馬可・奧里略對此自律甚嚴，著名的《沉思錄》寫作之初是不打算公開的反思筆記，書名 *Ta Eis Heauton*，意思就是「寫給自己」。

除了文字精練，我欣賞斯多噶派格言的另一個原因，是其中許多乍看似非而是，這種特色造成兩種結果：其一，因為常常被誤解，於是斯多噶人一而再、再而三解釋自身哲學；其二，換個角度看，這反而成為絕佳的交流機會：別人覺得矛盾所以提問，斯多噶人就趁機將思想從保險桿貼紙的層級提升到至少是搭電梯時的短暫對話（現代人無論面對面或透過社交平臺，似乎都無法好好對話）。

最具這種特色的詞語或許是「喜歡但無所謂」（preferred indifferent），反之亦有「不喜歡但無所謂」（dispreferred indifferent）。★由於「無所謂」的事物可以包括不涉及品性人格的一切，因此得解釋清楚。

一如往常我請愛比克泰德親自解釋。這次我們一起來到羅馬的卡薩爾帕洛（Casal Palocco）地區散散步，那裡有條街道以他為名。（我這位本性謙遜的朋友大驚失色。）愛比克泰德照例提起影響斯多噶派很深的蘇格拉底：「就像蘇格拉底在玩球，玩什麼球？生死、監禁、流放、服毒、失去妻子、小孩成了孤兒。他將這些悲慘當成球，卻拋接得靈活優雅。我們也該效法，重點不在於那顆球，而是盡心盡力參與遊戲。」[1]

讓我來解釋這個比喻。形式上顯然是將生命過程代換為玩球，但愛比克泰德心裡想像的是什麼球類運動我無法肯定。就假設是希羅時代的足球也罷。[2]寓意在於雖然球是遊戲核心、所有人的焦點，然而其實球無關緊要，什麼形狀、顏色、材質、大小或價值高低都無所謂，因為球只是達成目的的工具，不是目的本身。真正關鍵的是人對球做了什麼、遊戲如何進行，以及最後的結果。換個方式說：好球員不會拘泥於招式、傳球時機等等，優異表現反映的是*fantasia*（創意），以馬可．奧里略的說法是化危機為轉機，以阻礙為動力。[3]此外，評斷球

★編按：前者指想要追求的事物，但得之我幸，不得我命；後者指不想要的事物，但遇上了亦不在乎。

員水準並非根據最終的輸贏，因為勝敗難料亦難掌控，但仍要全力以赴。

既欲之卻不在乎，不欲之卻又不在乎

這一點也能從蘇格拉底身上看到：命運給了遊戲材料，包括出生的天時地利、公元前五世紀雅典的政治系統與地位等等，而他充分運用，參與了伯羅奔尼撒戰爭、傳授同胞哲學思想。後來受到安尼圖斯（Anytus）和萊康（Lycon）暗中煽動的梅利多斯（Meletus）控訴蘇格拉底「褻瀆神明」（不信奉官方指定的神），即便顯然是政治權謀和個人恩怨，他依舊勇敢面對並公開答辯。

遭到同胞判處死刑以後，他的朋友大力幫助、願意出錢賄賂衛兵（當時很常見，也不僅限於那個時代），蘇格拉底其實有機會可以逃走。然而，他覺得自己一輩子得到故鄉滋養，相對地肩負義務。柏拉圖的《克力同篇》（*Crito*）描述蘇格拉底如何對心焦如焚的朋友解釋自身責任，他認為就道德義務而言，即便法律裁判遭到有心人操弄也必須接受結果，不能因為規則對自己不利就想著破壞。於是他甘願服毒，捨下朋友、學生和妻小，也不願毀了自己的人格。重要的只有人格，其餘的他雖然喜歡但無所謂。這句話的意思不是指蘇格拉底對家人、朋友（以至於生命）毫不在乎，而是他不會為了保全性命或避免親友哀慟就放棄原則。愛比克泰德與我對話時提到：「往後有什麼誰能預料？現在有什麼，就勤奮運用什麼……任何人都一樣，應該掌握並善用現有的一切。」[4]

現代可以比較的案例是美國的揭密者艾德華・史諾登（Edward Snowden）。眾所周知，他原本是美國國家安全局外包技術員，二〇一三年他披露許多機密文件，內容顯示美國國家安全局對全球採取大規模且涉及非法的監控手段，這個事件造成軒然大波，引發大眾探討開放社會如何平衡監控和民主價值。不難想見史諾登和蘇格拉底一樣獲得兩極的評價，某些人視之為英雄，其他人斥之為叛徒，而且兩種說法都有道理。一如蘇格拉底的教學和政治行動，針對史諾登的情況，我們也可以先撇開揭密在道德上的是非，單純思考他尋求海外庇護（尤其還偏偏選擇俄羅斯），而不願面對美國政府根據一九一七年即存在的《間諜法》（*Espionage Act*）加以起訴。蘇格拉底選擇留下，史諾登選擇逃亡，我個人無法斷言孰優孰劣，但即便認為史諾登應該承受行為後果（無論後果本身的對錯），大部分人應該也明白要達到蘇格拉底的道德高度本就不容易，否則他不會成為斯多噶人心目中的楷模。

所幸多數人不會面對蘇格拉底或史諾登碰上的道德困境。儘管如此，還是有許多場合需要決定如何處理生命拋來的球。容我舉幾個微不足道的例子：與愛比克泰德聊過之後，我恰巧有些花費需要現金，便到紐約公寓外頭的轉角找到銀行提款機取了錢，結果回去路上我想了又想。長時間和斯多噶人待在一起就會意識到，所有事情都能進入道德層面的思考。比方說，我驟然記起這間銀行紀錄不良（好像是涉及不法投資或違規金融工具），影響員工和社會整體。此時我可以選擇我喜歡但無所謂的事物，也就是需要現金就可提款的便利性，但這麼做又與自己對勞工和社會狀態的期許有所衝突。慘！

反思之後我只好進到銀行，對一頭霧水的客服人員解釋說我要關閉帳戶，而且不是因為不滿服務品質（其實很棒），只是與銀行本身有無法調解的衝突，難以容許銀行動用本質上屬於我的錢。接著經過一番研究，找到道德上雖非完美無瑕但比前一間好些的銀行，我把存款轉過去，心裡覺得舒坦些。

還有個類似狀況。我在義大利什麼都吃，因為我父母和祖父母那輩的人無法理解「素食」是什麼。現在我也不是純素者，但的確漸漸留意食物從何而來，並會考量動物受苦程度、環境影響、勞工待遇等因素。牽扯太多，沒有簡單答案，很多的無所謂彼此衝突。好比說，素食者的主張之一是減少動物痛苦，但若人類飲食急劇轉向素食，導致大規模栽培特定農作，結果依舊會改變生態，許多野生物種將失去棲息地。如果你以為只用當地和有機的食材就能達到環保永續，找些相關文獻或做做簡單計算，恐怕你就會大吃一驚。暢銷書《雜食者的兩難：速食、有機和野生食物的自然史》（*The Omnivore's Dilemma: A Natural History of Four Meals*）的作者兼社會運動者麥可．波倫（Michael Pollan）也發現了問題，而或許他和我能負擔擇食的成本且很容易在住家附近商店買到合適食材，但放大到幾十億人的規模並不可行。可是如果因此聲稱大家愛吃什麼就吃什麼，動物的處境、生產過程對環境的損壞都別管了，聽起來未免麻木不仁。

這個矛盾或許造成不少斯多噶人奉行素食主義。塞內卡提到：「我接受了素食主義的教導，開始禁食動物。一年過去，習慣後不僅愉悅還覺得心靈更敏銳。」[5]後來因為特定政治派系採行素食，為避免被貼標籤，他只好放棄。我們該說他是機會主義者，或至少是道德薄弱嗎？不一定，詳情沒人知道，說不定塞內卡計算以後，覺得堅持素食對世界的好處沒那麼大（對當時的他，世界基本上等同於羅馬社會），避免依附某個政治團體反而更有助益。實行素食無論形式或本質都不必然證明品德高尚，但若沒有其他考量則是好選擇。能否明辨複雜局勢，從紊亂中找出最佳解，也是智慧的指標。

穆索尼・魯弗斯除了是愛比克泰德的老師，也以務實見長。他針對人生各層面給予學生建議，不限大事（例如主張女性應有平等受教權），連家具如何擺放（以求提高效率並避免物件損壞）、髮型選擇（用不到的部分就除掉）都涵蓋在內。關於飲食他也有一套見解，主張：「有許多享受誘人犯錯、不為自己著想，與食物相關的部分無疑最難抗拒。」並補充說道：「為了滿足轉瞬即逝的食慾，從異鄉收集和運送無數寶貴食材，廚師身價高於農民。有人花費畢生積蓄只為設宴，生命卻不因珍饈而更加堅強……飲食方面，負責任的人傾向容易取得、容易準備且不易匱乏的東西，而非不易取得、不易準備且產量稀少的材料。」[6]

這番說法打動了我，同時充分體現出斯多噶人如何看待生命中的「喜歡但無所謂」。先前提到我在羅馬長大、後來定居紐約，撰寫本書期間利用休假回到永恆之城羅馬，每天來往競技場、古廣場和其他景點都得到靈感的啟迪。回來除了與家人團聚，另一個理由就是這兒好吃的東西很多！在紐約時我也不時和妻子上館子用餐，其中一些價格高昂，廚師收入絕對遠勝農夫，而且為了短暫口腹之慾進口海外的高貴食材。感覺我沒有太多選擇，而且下場都不太妙：說了半天斯多噶，結果依舊屬於伊比鳩魯派（現代人都誤以為伊比鳩魯只懂享樂），所以根本是偽君子；又或者為了邏輯一致放棄味覺享受，硬生生吞下不愛吃的東西，過著一般人心目中無趣的生活。

聰明的折衷

不過讀哲學最先學到的，就是非黑即白、極端二分比想像中要少。其實我在非形式邏輯的課堂上常常提醒學生，要是有人陳述事情時只呈現兩個強迫性的選擇，對方極有可能犯下「假兩難」的邏輯謬誤，沒有坦誠說出其他選項。當然有些情境的的確確只有兩條路，被迫擇一並非邏輯謬誤，所以要仔細判斷。[7] 以前面的例子而言，羅馬有便宜美味又健康的餐食，材料都是當季、經當地廚師料理，因此符合穆索尼的標準。回到紐約也能找到同樣符合標準的餐飲，問題在於紐約同時有太多昂貴美食（而且真的達到「揮霍」程度）或美其名為「味覺饗宴」的誘惑要抗拒。於是我給自己設了界線，告訴妻子和親近的朋友我盡量不再去例如「麥迪遜公園十一號」[8]那種高級餐廳。理所當然大部分時候我都辦得到，但總會有例外，譬如某個要好的親友還沒去過，對方表示有特殊原因想慶祝，算是一輩子就這一次，而我沒出席的話他會很失望。這當然值得好好考慮，並非虛偽或找藉口，而是試圖在不同倫理之間取得平衡：去的話是支持我不贊同的店家；不去的話是不在乎親友的心情。（請注意，此處討論的倫理是希臘羅馬時代的定義，比現代用法涵蓋要廣。）斯多噶人最重視在日常生活中運用理性，碰到我這種情況，合理的做法恐怕是妥協：好，就破戒一次，之後靠別的方式彌補，例如一年內加倍支持本地產銷、保護環境和勞工的食物品牌。用餐那天晚上有沒有罪惡感？應該有，但馬可．奧里略說過一句話，而且不是玩笑或嘲諷：「不得不住王宮，索性安住王宮。」[9]

整體而言，斯多噶學派闡述的倫理不僅限於日常言行，範圍大至我們應該以何種態度面對真實人生。社會往來太複雜，我們未必每次都能做出正確的選擇，甚至未必有足夠的經驗能夠確信什麼是對的、什麼是錯的。許多抉擇牽涉倫理層面（動物痛苦、環境損害、服務生的待遇），也牽扯實際需求（終究得吃東西，可是食物怎麼來？總是有金融需求，該挑哪一間銀行？）。斯多噶主義的宗旨是在衝突中盡人事，而非強求大家做完人，也因此無法提供斬釘截鐵的解答——認為世界非黑即白、非善即惡，好人壞人一眼就能分辨的，是傻子（語出愛比克泰德）。既然世界不單純，假裝它單純不僅危險，更談不上智慧。

說了這麼多，再回到「無所謂」的概念，以及「喜歡」和「不喜歡」的分別。現在我們來比較斯多噶與希臘哲學另外兩大家：亞里斯多德主義和犬儒主義；請注意，犬儒在現代時常具有另一種意義，比起斯多噶、伊比鳩魯更容易被誤會，本書若強調現代定義時會加引號。

亞里斯多德師從柏拉圖（算是蘇格拉底的徒孫），他的哲學同樣重視實用性，不過略帶精英色彩。在他的定義下，幸福的生活除了追求品格，還需要擁有我們未必可以控制的事物：健康、財富、教育，甚至出色的外表。

與之相對的是師承蘇格拉底的首位犬儒主義者安提西尼（Antisthenes），他和弟子錫諾普的第歐根尼（Diogenes of Sinope）都很極端，認為除品德之外，沒有任何東西具有人生意義，壯弱、貧富、智愚、美醜皆不重要，甚至進一步主張財物也會妨礙人類追求德性，讓人執著於無意義的事物，因此放棄為佳。

第歐根尼嚴格執行自己的主張。[10]他的生活方式是貨真價實的無欲無求，在雅典的街道上擺個木桶就睡覺，排洩、交媾都不避人耳目（因行為如狗，才被稱作「犬」儒），財產僅供最基本的生存和舒適。他留下一些趣聞，比方某天他渴了，找到水源拿出碗，沒料到旁邊的男孩用手接了就喝，於是第歐根尼一臉鄙夷丟了碗，喃喃自語說連個小孩都比自己睿智。還有一次亞歷山大大帝聽說他的事跡過去拜訪（大概去到桶子前面），慷慨表示（至少大帝自己這麼認為）可以滿足哲學家任何願望，結果第歐根尼抬頭說：「那就閃開吧，你擋到我的太陽了。」由此可見為什麼後世對犬儒主義褒貶參半。

接下來的問題比較棘手：亞里斯多德對幸福設下許多前提，僅少數幸運兒能滿足，而且靠的未必是自己；犬儒主義者則駁斥亞里斯多德的看法，還聲稱那些前提會妨礙美好人生。斯多噶學派介乎兩種觀點中間：健康、財富、教育、外貌等等是「喜歡但無所謂」的事物，也就是可以追求但不強求；其他則雖「不喜歡但無所謂」。我覺得這是聰明的折衷，在斯多噶底下，無論社會地位、經濟資源、身體和外貌優劣，任何人都能實現生命意義。這些特質無關乎個人對品格道德的追求，擁有的越多越好（正常人應該不會懷疑），只要不會妨礙德性實踐即可。塞內卡扼要總結關於無所謂最常見的區別：「快樂和痛苦的差異很大，所以當然是追求快樂、避免痛苦，如果只從這個標準判斷，一目瞭然。但牽扯到德性就不同，德性不會改變，無論通過快樂或傷痛來成就，都一樣是德性。」[11]換言之，只要後果不損及人格，任何離苦得樂的行為都無傷大雅，然而若快樂的代價是恥辱，那不如有尊嚴地承受痛苦。

現代也有一種理論能說明這個觀念，而且還是經濟學術語。經濟學家將之形容為「辭典序列偏好」（lexicographic preference）[12]，因為機制類似辭典條目的排序而得名，不過是針對人類想要不同東西、價值難以相提並論的情況。舉例來說，甲和乙列於A類，丙丁戊則屬於B類，我可以比較甲乙孰優孰劣，也能比較丙丁戊的高低，可是A和B之間無須評比，對我來說A開頭的所有條目都優先於B。由此導出的結論是，相同類別的東西能彼此交易替換，不同類別之間則否。對品性的追求就是A，喜歡但無所謂的事物則是B。B裡頭的東西彼此交換無所謂：金錢換教育、好工作換家庭生活能接受。但斯多噶不會混淆A和B，代價為品格的交易一概不接受。這個立場正好突顯哲學探究的標的與一般經濟學理論不同[13]，美德與健康即屬一例。

說來或許奇怪，但實際上人類社會早已習慣運用辭典序列偏好做出選擇。譬如想要去加勒比海度假，度假與積蓄屬於同類，因此我們願意花費辛辛苦苦存的錢。但我相信不管為了什麼目的，很少有人會賣掉親生兒女，尤其只為了度假更是不可能，因為兒女所在的分類比較高，即使度假多美好都無法相提並論。

哲學也好、經濟學也罷，斯多噶的概念都說得通。試想，按照亞里斯多德的觀點（而且不得不說他的想法很多已經成為常識），一個人必須非常幸運、非常精英，否則談不上幸福人生。這也就代表多數人永遠沒機會擁有幸福人生，最後乾脆追求物質生活，誤以為滿足物慾才是幸福和價值所在。心理學將這種情況稱為「享樂跑步機」：儘管跑了又跑，卻一步也沒前進。反過來說，根據犬儒主義，理論上大家都能實現人生意義，不過現實是很少有人願意住在木桶裡、隨地便溺。斯多噶提供了平衡點，以辭典序列偏好將德性和可以無所謂的事物做出區隔、禁止代換，巧妙解決問題又保存哲學上雙方的優點。

原文注

1 Epictetus, *Discourses*, II.5. 65.

2 頗多證據顯示，古希臘羅馬時代就有某種形式的足球運動，可惜規則未流傳下來。位於雅典的國立考古學博物館內收藏一幅大理石浮雕，內容為成年人和孩童遊戲，大人試著接住一種當時稱為 *folis* 的物體，外觀就像足球（充氣皮球）。烏爾比安記錄了宮廷受理一件裁判，某男子在理髮店修鬍子時意外被稱為 *pile* 的球砸死，那種球的表皮有縫線，所以更接近現代認知的足球。可參閱 *Digesto*, IX, 2, 11, pr. 1.

3「我們的行動會遭到（他人）阻攔，但動機和精神不會，因為人有調適應變的能力。心智能夠將阻礙化為動力，越是妨礙反而越能前進。路障本身就是路。」Marcus Aurelius, *Meditations*, V.20。

4 "How do I know what is going": Epictetus, *Discourses*, II.5.

5 Seneca, *Epistles*, 108, 22.

6 Musonius Rufus, "The Lecture About Food," Lectures, part B, 3, 7, 8，收錄於 Musonius Rufus, *Lectures and Sayings*，譯者 Cynthia King (CreateSpace, 2011)。

7 很多所謂的非形式邏輯謬誤未必真的是謬誤，至少不是每次都是謬誤，有時候只是一種啟發方式，協助人們快速掌握繁雜情境或做出初步判斷。討論偽科學主題時很容易看到以邏輯謬誤互相攻訐，我與同事曾發表一篇文章探討這個現象：Maarten Boudry, Fabio Paglieri, and Massimo Pigliucci, "The Fake, the Flimsy, and the Fallacious: Demarcating Arguments in Real Life," *Argumentation* 29 (2015): 431-456。

8 或許有人好奇為什麼我要特別點名這家餐廳，原因在於某篇報導（Edward Frame, "Dinner and Deception," *New York Times*, August 22, 2015）裡該餐廳的前「接待長」透露了內部服務文化，以及客人如何利用、甚至濫用這樣的服務。我認為其他餐廳也很可能有同樣問題。

9 Marcus Aurelius, *Meditations*, V.16.

10 有關第歐根尼生平事跡主要來自另一位第歐根尼（第歐根尼・拉爾修）的著作 *Lives and Opinions of Eminent Philosophers*。

11 Seneca, *On Various Aspects of Virtue*, 18.

12 感謝在我 howtobeastoic.org 部落格上暱稱為 timbartik 的讀者指出辭典序列偏好模型非常適合解釋德性與無謂有何差異。

13 許多哲學家都曾以辭典序列的概念詮釋某些東西無法交易，例如 Michael J. Sandel, *What Money Can't Buy: The Moral Limits of Markets* (New York: Farrar, Straus & Giroux, 2012); Debra Satz, *Why Some Things Should Not Be for Sale: The Moral Limits of Markets* (New York: Oxford University Press, 2010)。

第六章

神，抑或原子？

神的本質為何？肉身？神否定。土地？神否定。名譽？神又否定。
是智慧，知識，明辨的理性。
善的本質僅存於此，別無他處。

——《語錄》II.8，愛比克泰德

我與愛比克泰德這位朋友有個很大的爭執點無法解決，但即便雙方見解存在本質上的歧異仍能好好對談，這正是斯多噶主義的美妙之處：無論有無宗教信仰都會獲得接納，形上觀點的差距不影響彼此對道德倫理的認知。

當我詢問愛比克泰德對於神的看法時，他回答說：「劍能插進鞘，鞘能容納劍，是因誰的作為而彼此相吻？因為劍和鞘是人做的，我們便明白那不是純粹的巧合，背後有工匠的巧手運作。既然匹配的東西是被造物，其餘可見的一切難道就不是？男和女、結合的慾望與能力、相互呼應的器官，不也像是精緻的藝品嗎？」[1]認為世間萬物皆經過設計，是主張神確實存在的典型論調，愛比克泰德也算是先驅之一，他在公元二世紀就留下上述這番話。後來多瑪斯．阿奎那[2]等多位傑出基督宗教神學家將之發揚光大，十九世紀的自然神學家威廉．帕利（William Paley）攀上巔峰，達爾文發表《物種起源》的幾十年前他就表示：

走進石南叢裡絆到石頭，若有人問起石頭為何在此，我可能回答：既然無法追溯，或許石頭自存在之初便一直停在這裡。聽來荒唐，但沒人能證明對錯。相反地，要是我在地上找到一只手錶，也有人問起手錶怎麼掉在這兒，我完全不會聯想到剛才的答案，因為手錶無法憑空出現……必然出於某時某地的某人或某群人之手，他們設計結構、功能，我們可以理解手錶存在的理由……從手錶看到的種種受造跡象普見於自然界，差別僅在於自然界規模無比遼闊，程度超越人類心智所能及。[3]

這套說詞很直觀、很動人，許多教徒在解釋自己的信仰時都會提起，於是也成為無神論者集中火力駁斥的目標。我並不打算誘導讀者傾向任何一方，本書主旨無關教義，也不推廣無神論。但為了避嫌，就如同與愛比克泰德討論時一樣，我得陳述一下自己的想法。好的哲學家、明事理的人都遵循同樣原則：先傾聽彼此，學習、思考，然後一起喝個小酒再繼續深入探究。

造物主是誰？

對我而言，愛比克泰德（以及阿奎那和帕利）的論點直到十八、十九世紀都很有道理。可惜後來一位哲學家加上一位科學家接連對智能設計論發動猛攻，雖然攻勢未將智能設計論打得一蹶不振（哲學史領域鮮少有極端發展），該理論也依舊得到許多神學家、哲學家、乃至於科學家捍衛，但的確沒了過去的強大魅力。

對智能設計論的第一波炮火來自大衛．休謨。他說：「看見一棟房屋……就代表背後有建築師和工人，我們之所以如此確信是因為經驗中有許多同類的結果能追溯出同類的原因。可是人類無法聲稱宇宙與房屋有足夠的共同點，因此也不能確定背後有同樣的成因，或自認將宇宙類比於房屋是完整且完美的推論。」[4]

休謨的說法雖不直接卻很重要，主張以被造物進行推論並不妥當。類比原本就是問題很多的論證手法，因為類比的雙方不可能完美契合，有些情況使用類比根本是誤導。

他進一步指出，我們看見被造物能夠立刻推論是人類所造，原因在於確實見過，或至少掌握無法駁斥的證據可以證明人類能夠造出這些東西。可是放到宇宙這個例子就說不通了。沒有人看過宇宙的誕生，也根本沒辦法證明造物主確實存在——事實上，爭議核心就是宇宙如何形成？再者，假設真有造物主，我們無從確認其特徵性質。所以休謨才會以戲謔口吻（就他寫作的年代其實十分危險）表示：要是大家認同蓋房子與創造宇宙這種類比，我們便可以推論造物主的特性是數量多、不可靠且壽命有限，與一神教設想的上帝完全相反。

儘管休謨對智能設計論提出擲地有聲的質疑，且時至今日仍是哲學課程的內容，但其中尚缺一個重要環節：世間萬物，特別是生物圈，確實看似受造，而他並未提出別的解釋方案。所幸不到一世紀後，偉大的生物學家達爾文彌補了這個缺憾，他提出的天擇演化理論至今仍受到科學界的肯定，足以說明為何手腳、心肺就像手錶或劍與鞘那般各有意義與功能，卻又生於自然現象且無須智能設計介入。更甚者，達爾文將自己對受造現象的解釋和世界為何有苦難相結合，恰好人間苦難也是爭論不休的主題。他在書信中留下著名的一段話：「我必須坦承，雖然我也想相信且大家都那麼說，但我真的無法在身邊找到上帝造物且神愛眾生的證據。在我看來世界充滿苦難，而且我無法相信慈愛且全能的神會創造出姬蜂這種生物，牠們必須寄生、啃噬毛毛蟲的身體。貓與老鼠的關係也一樣。既然不相信神造了那些東西，當然沒必要認定自己的眼睛出自神的設計。」[5]

愛比克泰德當然沒機會讀到休謨和達爾文的著作，所以我特地提出上面這段話，而他依舊以濃厚的斯多噶風格加以回應。他回憶起有一天某個學生傷了腿，埋怨地說：「我以後是不是得跛腳？」愛比克泰德表示自己當下反應很現實：「奴才，腿斷了就是斷了，豈可妄想責難宇宙？」[6]（他也常稱我是「奴才」或「孩子」，雖然有些政治不正確，但我個人覺得頗為親近且難以反駁，畢竟他自己就曾身為奴隸，而我年紀確實比他小得太多太多！）

由於這是斯多噶形上學的重要層面，所以需要詳加解釋。

按理說愛比克泰德算是斯多噶學者中較具宗教情懷的人，但他也不認為神會插手人類的每件瑣事（更沒理由搭理姬蜂，就算他知道這種生物），否則聽見別人希望腿沒受傷，他也不至於嘲弄對方是痴人說夢。更重要的背景則在於很多斯多噶人接受的並非現代的一神概念，他們偏愛以**邏各斯**來表達神的話語（基督宗教沿襲很多斯多噶哲學）、宇宙的普遍規律，或者直接觀察宇宙並理性分析的所見所得。愛比克泰德清楚告訴門生他並不認為神是外於自身、「另一處」的存有：「你就是主體，神的一部分，祂存在於每個人之中……你與神同在，只可惜你自己不知道也無法察覺。你們還認為我說的是那些金銀打造的神嗎？」[7]由此觀之，我們可說斯多噶學派屬於泛神論（或所謂「萬有在神論」★）[8]，也就是相信神即是宇宙本身，所以每個人都是神性的分子，人類與其他動物的差距在於

★編按：panentheistic，主張神包括世界而又超越世界。

我們能運用神／宇宙中最高階的特質，亦即理性。因此最適合人類的生活方式，就是以理性解決問題。

將神與自然視為一體有漫長的歷史淵源，十七世紀深具影響力的荷蘭哲學家巴魯赫．史賓諾沙對此特別深入探究。由於偉大的物理學家愛因斯坦曾經有過同樣的想法，所以有時這個概念也被稱為「愛因斯坦的神」。其中有兩點特別值得注意：首先，這個神不行神蹟、不為特定的是非現身干涉自然規律；再者，如前述，這個神實際上與斯多噶人口中的宇宙因果律幾乎沒有區別，也與科學陳述的世界完全相容。於是我們可以用類似的兩種方式解讀愛比克泰德對學生斷腿看似草率的回應：其一，神只在乎宇宙整體的狀態，而不是每個個別的部分，因此為了個人的問題去埋怨神太過妄自尊大；其二則是，學生受傷是一連串因果交織而成，因果不會考慮個人好惡，所以怨天尤人無濟於事。這兩種詮釋都會得到同樣的結論：希望現實可以改變，不啻想靠一條斷腿顛覆宇宙規律。更何況對控制採取二分原則是愛比克泰德思想的基礎，把注意力放在無能為力的事情顯然違反他的教導。

愛比克泰德告訴我，他明白人類社會對於神明有許多不同看法，但他認為其中只有一種說得通：

關於神，有些人認為根本不存在；有些人相信神存在，但祂對一切都沒意見也不介入；還有人主張神存在，但只會插手大事或只管理天界而無視人間；第四派想法是，神對人間和人類亦有興趣，但只引導大方向，不關心個體。奧德修斯（Odysseus）和蘇格拉底則屬於第五派，前者說道：「無論我去何處，都在你眼中。」若神不存在，人何須追隨？若神存在卻不將人放在心上，人追隨祂們意義何在？[9]

重要的是人生，不是神不神

儘管我覺得他說得鏗鏘有力，卻不免要提出異議：斯多噶主義從未強調人類必須追隨神。換言之，那是他個人的見解。包括愛比克泰德在內，斯多噶主義者對於人生確實有一套主張，前面章節已經描述過順應自然而活。要說順應自然等同追隨神，前提是釐清自然與神的關係——對此愛比克泰德並未給出明確的答案。實際上斯多噶學派內部對此意見分歧，與其他哲學派別如伊比鳩魯之間更是爭論不休。伊比鳩魯派常被形容為「無神論」，然而這並非事實，他們的思想在現代被稱作自然神論，符合愛比克泰德列出的第三類：自然神論相信神存在，但祂沉浸於超凡冥想，絲毫不關注人世和俗事。世界在伊比鳩魯派眼裡是原子隨機碰撞結合而成，人類具有理性卻不代表抉擇和行為完全自由，限制並非來自神意而是基於物理現象。

有些斯多噶人承認這種可能，甚至進一步吸收伊比鳩魯的思想並強調哲學本就不是宗教，沒有經文和不可反駁的教義。相對地，塞內卡則說：「凡真理我必接受。」[10]也就是善用理性自己判斷孰是孰非，不因人廢言。

與愛比克泰德立場相近但較為包容歧見的斯多噶主義者，正是哲學家皇帝馬可·奧里略。他顯然相信眾神，但他的文字內容並未反映出強烈的信仰，或許只是隨俗，例如他說：「我有傑出的祖先和雙親，好妹妹與好老師，優秀的同僚、同胞和友人，幾乎一切都好，我為此感謝眾神。」[11]但他又在別處明言：「既然生命隨時可能結束，就該以此前提過活。若真有神，離開人世無須害怕，因為神不會任人墜入惡道。但若神並不存在，或祂們對凡間毫無興趣，我又何必生存於沒有神或不受神意指引的世界？其實祂們確實存在，也關懷人類，已經賦予我們足以不墮落的力量。」[12]

不過令人訝異的是他在《沉思錄》中多次指出，宇宙由神（無論形式）管理或只是機緣和混沌（如伊比鳩魯派所言）並不重要，也就是他對形而上問題的答案沒有愛比克泰德那麼堅定。《沉思錄》裡有段文字可以說明這一點：「啟程出航，然後到岸，出去看一看。不需眾神的地方也不是終點，但若是沒有感受的國度，就不再受到苦樂的束縛。」[13]還有一段：「或許是攸關性命的需求、不可抗拒的命令，又或者是冥冥中自有天意，抑或一切僅是毫無意義與方向的紊亂。若是不可抗力，何須抗拒？若是能夠遵循的天意，就試圖成為值得天神幫助的人。然而若身處一片混沌毫無指引，不如慶幸還有智慧能夠主宰自己。」[14]一番洞見透澈至極！

討論至此或許會有讀者覺得奇怪：愛比克泰德對神的概念頗為執著，與我的懷疑論調形成強烈對比，怎麼我還以他為嚮導探索斯多噶？甚至你可以合理質疑，沒有宗教信仰的人怎能接受斯多噶，畢竟他們對於神的觀點說得委婉些就是曖昧不明。我要給的答案，正好也就是為何我認為斯多噶主義適合二十一世紀的社會。

早在新無神論興起前，[15]我就曾是傲慢的無神論者。住在田納西州的時候，我深信身邊的創造論信徒都是鄉巴佬，需要來自羅馬見多識廣的學者好好加以教育，於是我和很多聲稱地球只有幾千歲的人辯論。[16]結果我錯了。錯的不是地球幾歲，畢竟至今我仍認為科學證據比教義可信。我錯的是誤會了思想如何交流。我初次意識到這件事是與杜恩．吉許（Duane Gish）進行辯論，當時他是創世研究所的副所長（我要澄清他們並不真的做研究）。那天晚上我數度重炮抨擊他的論點，自以為表現精彩，然而辯論結束以後有幾位對方支持者走過來，他們十分客氣地表示：「其實我還是不認為你說得對、聖經說得錯，但我很欣賞你與吉許先生互動中不卑不亢的態度。」換言之，我自以為聰睿機敏、奠基於科學的論證沒有發揮作用，打動對方的是我以禮相待，不是他們想像中的混蛋。

後來無數次和宗教信徒的交流過程反覆證明這一點，對象不限於基督宗教，也有其他教派的人。我更進一步體會到自己和他們在行為和價值觀的差距不大，如果排除基本教義派的話，大家對倫理道德、以至於政治體制的思想沒有太多分歧，差異僅僅在於我的立論基礎是無神論，對方則有宗教信仰。以哲學語言來描述這種現象的話，我可以說：人類的形上思想對生活的重要層面以及接觸互動的模式幾乎沒有影響。既然如此，有什麼道理要我特別排拒願意對話的宗教信徒，而去擁抱新無神論者？新無神論者和許多基本教義派一樣排斥異己，躲在自己的小圈圈中不讓外人參與。

這個故事與斯多噶主義有什麼關係？別人眼中的缺點，卻是斯多噶從一開始就吸引我的特質：對於邏各斯採取模糊詮釋，所以斯多噶的圈圈變得特別大，無神論、不可知論、泛神論、萬有在神論、乃至於普通的宗教信仰都可以進來，唯一前提是不強加自己的形上思想在別人身上。基督信仰、穆斯林或猶太教？沒問題，就將邏各斯視為創世神的核心元素。主張神無所不在，可以視同為自然界本身？許多早期斯多噶人也這麼想，他們對宇宙概念的理性原則應該很對這派人的味。傾向不可知論或無神論又如何？邏各斯也能代表不可撼動的事實，也就是宇宙確實存在規律，只是我們目前還無法理解規律如何形成，究竟是經過設計抑或純粹的因果關係。至少我們總該對因果關係有信心，否則豈不是得拋棄邏輯、數學和科學了？

我必須強調，這種兼容並蓄並非因循苟且，或是為了求政治正確而炒一鍋大雜燴，而是體認到生命的重心是如何過生活，也就是古聖先賢尋找的幸福，至於實現目標的路徑則與如何看待神、相不相信神的存在、神的性質是什麼無啥關係。西塞羅睿智地說道：「許多哲學問題還沒有圓滿解答，其中最為深奧難解的就是神的本質……許許多多博學多聞的人給出相互牴觸的意見，似是印證古語有云：『哲學生於無知。』」[17]無論人類發現了什麼新知，兩千年前的這番話至今仍是真理。所以我們為什麼不乾脆對神保持開放的態度，攜手朝著更重要的美好人生邁進？

原文注

1 Epictetus, *Discourses*, I.6.

2 Thomas Aquinas, *Summa Theologiae* (1273), Article 3, Question 2.

3 William Paley, *Natural Theology: or, Evidence of the Existence and Attributes of the Deity, Collected from the Appearance of Nature* (London: J. Faulder, 1802), ch. 1.

4 "If we see a house": David Hume, *Dialogues Concerning Natural Religion* (1779), part II.

5 Charles Darwin (1903), *More Letters of Charles Darwin*, edited by Francis Darwin and A. C. Seward (New York: D. Appleton and Co., 1903), 252. 另可參考 Sara Joan Miles, "Charles Darwin and Asa Gray Discuss Teleology and Design," *Perspectives on Science and Christian Faith* 53 (September 2001): 196–201，網路版位於 http://goo.gl/kbdNR5。

6 Epictetus, *Discourses*, I.12. Tim Mulgan 從現代角度提出類似論點並加以辯護，詳見 *Purpose in the Universe: The Moral and Metaphysical Case for Ananthropocentric Purposivism* (New York: Oxford University Press, 2015)。

7 Epictetus, *Discourses*, II.8.

8 泛神論與萬有在神論之間具有細微卻重要的差異。泛神論代表神與自然界是同樣的存有，但萬有在神論認為神滲透自然（無所不在）卻仍然能與自然劃分開來。斯多噶偏向何者不容易辨別，因為文獻常將「神」（或者「宙斯」，但並不特指希臘神話主神）與「自然」混用，同時卻又相信宇宙由物質組成，其中一些存有（包括人類的所有活物）具備理性，共同構成邏各斯。換句話說，斯多噶的形上論兼具泛神論與萬有在神論元素，不過本書未多作著墨。

9 Epictetus, *Discourses*, I.12。奧德修斯的說法引用自 Homer, *Iliad*, X.279。

10 Seneca, *Epistles*, I.12.11.

11 Marcus Aurelius, *Meditations*, I.17.

12 同上，II.11。

13 同上，III.3。

14 同上，XII.14。

15 我對新無神論較為成熟的觀點見 "New Atheism and the Scientistic Turn in the Atheism Movement," *Midwest Studies in Philosophy* 37, no. 1 (2015): 142-153，網路版位於 http://philpapers.org/rec/PIGNAA。

16 辯論內容可參照 "Dr. Massimo Pigliucci vs. Kent Hovind [a creationist]," posted March 7, 2012, https://goo.gl/0ab5OX; "William Lane Craig [a theologian] vs. Massimo Pigliucci," posted December 9, 2012, https://goo.gl/D4T7h7; and "Creation/Evolution Debate: Dr. [Duane] Gish [a creationist] vs. Dr. [Massimo] Pigliucci, May 20, 1999, Part 1," posted April 6, 2013, https://goo.gl/txfKjG。

17 Cicero, *The Nature of the Gods, in Complete Works of Cicero* (Delphi Ancient Classics, 2014).

第二部

三訓之「行動」：立身與處世

第七章

一切皆因品格與德性

人吶，要注意的就一件事：用什麼價錢賣了自己的意志。別的顧不得也罷，別賤賣意志就好。

——《語錄》1.2，愛比克泰德

一天晚上愛比克泰德又說起自己最喜歡的故事，他時常以此闡釋一個更廣泛的哲學觀點。故事主角是古羅馬政治家赫維迪俄斯．普瑞斯喀斯（Helvidius Priscus，也是斯多噶派哲學家），他生命力強韌、運氣也很好（雖然運氣總有用光的一天），撐過從尼祿到加爾巴（Galba）、奧索（Otho）、維特里烏斯（Vitellius），以及最後的維斯帕先諸任皇帝。根據我們的朋友、哲學旅途的嚮導愛比克泰德所述，事情經過如下：

維斯帕先要普瑞斯喀斯別去元老院。

普瑞斯喀斯說：「你可以不讓我當議員，但只要我還是議員就會出席議會。」

皇帝回應：「那就出席，但不要發言。」

「不要問我話，我就不必開口。」

「但我必須問你的意見。」

「那我就必須給出我認為正確的答案。」

「你開了口，我就得殺你。」

「我曾幾何時說過自己是不死之身？你有你的立場，我也有我的立場。你可以殺我，而我會不吭一聲死去；你也可以流放我，我同樣不會求饒。」

愛比克泰德表示：「你可能會問，普瑞斯喀斯勢單力薄，這麼做有何益處？這就好比袍子上的一抹紫色，有何意義？很簡單，身先士眾、樹立典範。」[1]

維斯帕先當然也說到做到，於是普瑞斯喀斯二度被逐出羅馬，並很快在皇帝授意下遭到暗殺。「普瑞斯喀斯勢單力薄，這麼做有何益處？」愛比克泰德的這句疑問看似簡單，實則複雜。就普瑞斯喀斯的案例來看，這麼做確實沒有好結果，他是忠誠的共和派所以不承認維斯帕先的皇帝身分，但當時共和派早已潰敗，普瑞斯喀斯自己找死還連累其他人：妻子梵尼亞（Fannia）委託何倫尼奧斯·塞內修（Herennius Senecio，是後來反抗弗拉維王朝皇帝圖密善的斯多噶派成員）為丈夫撰寫紀念頌詞，結果害塞內修也喪了命。然而，愛比克泰德之所以提起他是要彰顯人類的勇氣和榮譽，所謂「身先士眾、樹立典範」，事隔將近兩千年我們依舊感佩普瑞斯喀斯的自我犧牲。

德不孤，必有鄰

後來各世代的哲學導師們也有很多類似故事可以告訴學生，儘管主角變了、經歷變了，主旨依舊圍繞著人性的善惡，自羅馬時代以來幾乎沒有變過。馬拉拉・優素福扎伊（Malala Yousafzai）也是這樣一個例子，她的故事廣為人知，值得重溫。馬拉拉十一歲就開始在BBC的部落格上匿名寫作，記錄塔利班政權接管巴基斯坦斯瓦特山谷地區之後，女性受教權大開倒車的現象。後來她在紐約時報的紀錄片中露臉，雖然出了名卻也成為塔利班的暗殺目標。二〇一二年十月九日，歹徒挾持校車，逼迫學生指認馬拉拉後，朝她開了三槍。女孩重傷卻奇蹟生還並痊癒。

單是上述事件，馬拉拉已經足以和普瑞斯喀斯或歷史上諸位對抗暴政壓迫的偉人齊名，殊不知一切才剛剛開始。塔利班政權對馬拉拉和她父親齊亞烏丁（Ziauddin）連番恫嚇，但女孩依舊公開為年輕女性的教育權發聲，種種積極作為促使巴基斯坦通過第一條教育權利法案。二〇一四年，年僅十七歲的馬拉拉成為有史以來最年輕的諾貝爾和平獎得主，相信她在往後歲月裡也會繼續實踐幸福的人生。馬拉拉的作為有何益處嗎？當然，無論實務層面（這部分她比普瑞斯喀斯幸運很多）或作為他人楷模，女孩確實「樹立典範」。

不過本章主題不是角色楷模（楷模是斯多噶主義的一項重要內涵，我們很快就會加以探究），而是品格的重要性，以及相關的德性概念。現今許多人一聽到這些詞彙就忙著朝政治光譜的兩端靠攏，尤其美國最為明顯。

保守派將品格和德性掛在嘴邊，但其實他們未必真的做到；相對地，自由派反射性地認為品格和德性是包裝差勁的壓迫工具。此外，經過兩千年的宗教文化洗禮，現代人很難區分希羅時代的德性概念與後來基督信仰強調的美德。然而我們必須加以區辨，才能理解品格和德性其實是超越政治兩極的概念，保守派與自由派若真心擁護口中的價值，都能夠也更應該注重自己的品格與德性。

接下來讓我們先複習斯多噶的四項主要德性，以及它們對應於現代基督信仰化的版本。接著我們要看看德性或一組極其相似且受到崇尚的人格特質（其實就是德性的本質），在不同時代與文化中呈現出一致性的實證。經過這兩個步驟，我們便能理解德性對於人類這個有文化和社會的物種是多麼重要。

斯多噶學派對德性的認知來自蘇格拉底。蘇格拉底認為所有德性其實都是同一個特質在不同層面的展現，那個特質就是智慧。他說智慧即至善，原因十分簡單：人類擁有許多天賦，但是優是劣會因時因地而變動，只有智慧無論在何種情況下皆能帶來善果。[2]當然，富裕比貧困好、健康比病弱好、受教比無知好，可是我們依舊需要知道如何因應不同的處境，而處理生命中各種複雜變動的能力，就是智慧。[3]

斯多噶學派採納蘇格拉底對美德四個面向的分類，提出四個緊密相依的人格特質，分別是（實踐的）智慧、勇氣、節制和公正。實踐的智慧讓我們可以做出增進幸福與完好人生的決定。勇氣可以是具體表現，但也指涉更為廣泛的道德層次，例如像普瑞斯喀斯和馬拉拉那樣勇敢面對困境。節制使我們可以控制欲望與言行而不至於放縱。公正對蘇格拉底和斯多噶人而言並不是社會運作的抽象理論，而是實際地以尊嚴與平等對待他人。

斯多噶學派及蘇格拉底對德性的主要設想在於每個德性並非獨立運作。依照斯多噶與蘇格拉底的定義，一個人不可能充滿勇氣卻缺乏節制；但對此我們很容易聯想到戰場上英勇、私底下酗酒或暴躁的人，不過斯多噶學派會說這樣的人沒有德性，因為德性若非全有就是全無。我可從來沒說過斯多噶哲學要求不高。

基督信仰如何處理斯多噶的德性？不僅全數繼承，還加以發揚光大。影響深遠的天主教神學家多瑪斯．阿奎那在一二七三年的著作《神學大全》（*Summa Theologiae*）中提出「天德」（heavenly virtue）的概念，基本上就是斯多噶四德性加上最初由聖保祿（Paul of Tarsus）提倡的天主教三美德：信仰、希望、慈善。於是阿奎那的體系有了四項基本美德與三項卓越美德，重新組織分類後，智慧是基本美德之首（與蘇格拉底意見一致），但基本美德皆低於以慈善為首的卓越美德。

其他文化體系受到希羅文化影響的程度不一，也根據各自社會注重的人格特質而發展出一套美德系統，並加以分類和串連。有趣的是，儘管文化相對論深植現代文明，各種德性表現出的聚合程度遠比想像來得高。凱瑟琳・達爾斯伽德（Katherine Dahlsgaard）、克里斯多福・皮特森（Christopher Peterson）以及馬丁・賽里格曼（Martin Seligman）針對佛教、基督信仰、儒家、印度教、猶太教、道教和所謂「雅典哲學」（以蘇格拉底、柏拉圖、亞里斯多德為主）中闡述的德性進行研究[4]，發現這麼多不同的宗教和哲學體系卻呈現出驚人的一致性，並從其中萃取出六項核心的美德[5]：

勇氣：面對外在或內在壓迫仍能運用意志完成目標的情緒特質，包括膽量、堅毅、真誠（誠實）。

公正：健康的群體生活下的公民特質，包括公平、領導、公民權、團隊合作。

人道：與「關懷和友誼」相關的人際特質，包括愛和仁慈。

節制：避免放縱的特質，包括寬恕、謙遜、審慎、自制。

智慧：與取得和運用知識相關的認知特質，包括創意、好奇、判斷、觀點（提供他人建議）。

超越：與廣闊宇宙連結從而提供意義的特質，包括感恩、希望、靈性。

其中四項與斯多噶的德性近乎重疊，而斯多噶學派雖然不認為「人道」和「超越」（transcendence）屬於德性，亦承認其重要性，視為對待他人（人道）與宇宙整體（超越）的態度。斯多噶將人道概念置於 *oikeiôsis*（待人如己）和希洛克勒斯的同心圓之下，並昇華為犬儒與斯多噶的普世主義理念：我們應將自己對親人朋友同胞的關懷擴大到全人類；部分斯多噶主義者甚至有意將範圍擴及具知覺的動物。

關於「超越」，斯多噶以邏各斯的概念表達人和宇宙的關係，以及人在宇宙間的地位。我十分喜歡馬可．奧里略的一段沉思，他時時告誡自己：「畢達哥拉斯學派要我們在清晨抬頭瞭望，記住天體日復一日從不懈怠，好好感受它們的純淨赤裸。星子何須花遮柳掩。」[6]最後一句話充滿詩意，我旅行各地也經常早起冥想，的確能淨化心靈並體會宇宙的遼闊，不致迷失於繁忙的日常。

品格是最好的名片

回到德性這個主題，本章重點並非指出斯多噶學派是最正確的，勝過其他思想體系，而是要強調各個流派探討人生哲理時反覆提出同樣的德性。我不在此臆測這種高度雷同的價值觀是否源於演化過程，但根據靈長類動物學的比較分析，確實發現人類和別的靈長類物種有同樣的利社會行為，我們將之稱為**道德**。前面提到的達爾斯伽德團隊更指出，針對無文字社會的研究竟也得出類似結論，例如北格陵蘭伊努伊特人（Inughuit）以及西肯亞馬賽人（Maasai）都有類似的德性定義。無論來自基因、文化，或更可能是兩者交互作用，事實就是歧異極大的族群、不同的宗教或思想傳承，似乎共享一套核心的人格特質，而且與兩千年前就出現的斯多噶若合符節。

先前提到現代人討論品格時，常常陷入政治光譜的兩端，保守派強調學校、家庭以及國家的地位；同樣的觀念則被自由派視為維護白人優勢、父權社會等等的工具。我覺得十分可惜。證據顯示，人類文化對品格有一套共通的衡量，這個標準沒道理屈就於現代西方的兩極化論述。愛比克泰德等先人們認為，品格既是心理發展的結果，也是自身認同的基礎：「『脫下議員的袍子，換上破爛衣服來彰顯品格。』這麼做就會失去高貴情操？那究竟會變成什麼？」[7]他想提醒大家，無論衣著是羅馬議員長袍、華爾街常見的西裝，抑或如刻板印象中大學教授穿著肘部有補丁的毛呢外套，人的真正價值在於其核心，而這核心就是品格。品格與我們在社會上扮演的角色沒有關聯，無論這個角色是來自個人選擇、因緣際會或生存所需。

正因如此，生活在社會中不僅要增進自己的品格，也要學會判斷他人的品格。犬儒學派的第歐根尼又留下了很棒的故事。有一天（應當是尚未成為專業哲學家之前，當時他還是個銀行家）別人請他寫推薦信，他回覆說：「你是個人，對方一眼就看得出來。但你是好人還是壞人，對方得自己發現。要發現就得有能力發現，如果他根本欠缺那種能力，就算我給他寫一萬封信，他還是沒辦法發現。」[8]愛比克泰德進一步闡述：「德拉克馬★也可以要人測試自己，但得對方懂得分辨金銀。就像試金人瞭解金屬一樣，在人生中我們也需要評判標準，才能夠說『任何錢幣我都能加以分辨』。」換言之，品格是最好的名片，若能遇上瞭解何謂品格的人，我們將別無他求。

行文至此，適逢二〇一六年美國總統大選，還有包含羅馬市長在內的義大利地方選舉。兩國的競選過程相似得令人訝異也憂心。在我看來，第歐根尼一定認為兩個國家的多數（未必全部）候選人都不具備高尚品格。也許犬儒學派的標準對多數人來說太嚴苛了，然而從我的角度觀察，高尚的理念與赤裸現實之間的差距實在過大。想到這些人裡面總有一個會勝選，仍舊叫人很難安心，更何況其中還有一位會成為地球上最強國家的總統。

持平而言，沒有親身接觸、反覆互動，並不容易瞭解一個人的品格。可是由於媒體發達，公眾人物曝光太多，選民很容易可以觀察到他們的言談、論調與實際行為。若以上述標準，我看不到這些候選人展現勇氣與節制，對公正則模稜兩可，更談不上具有實踐的智慧，而智慧恐怕是諸德性中最重要的一項。

政治圈的眼光太過狹隘，保守派與自由派都透過特定的策略和平臺強調自己

★譯按：drachma，古希臘錢幣。

的一套價值，但無論在政治事務或日常生活中，很多事情都不是非黑即白。我當然想知道總統與市長候選人對上任後要面對的重大議題採取什麼立場，比方氣候變遷、外交、階級差距、個人權利等等問題他將如何因應。可是大家都明白，政治人物上臺以後實際面對的政經社會局勢複雜多變，沒人能夠預料，政績絕非嘴上有好聽理念就能做得出來，需要的正是前面指出的基本德性：遭遇艱難依舊為所當為的勇氣，遏止衝動的節制力，慎思每個決策如何衝擊人民的公正心態，以及在瞬息萬變中理出頭緒的智慧。

愛比克泰德再度以航海做譬喻：

對舵手而言，沉船比行船簡單得多。順風多轉一點就會迷航，即便並非刻意只是分神也是同樣後果。人生亦然，稍微打個盹，累積的一切或許就離你而去。保持清醒，注意形象，守住自尊、榮譽、堅定、寧靜，不受沮喪、恐懼、暴躁的妨礙——總言之，就是自由。這些特質絕不低賤。如何出價呢？看清楚買賣是否划算。[9]

不論公眾人物或一般人都需要培養德性與品格，行船必須謹慎小心，無論是國家的大船或個人生活的小船，看似無關緊要的短暫分心都可能帶來慘痛結果。更重要的是，認知人格的價值：非得出售，也得保證是個高貴的價值。縱使這樣的描述不禁令人聯想到政治醜聞與貪汙腐敗，但心靈淨化也許該從自家、自身開始，因為大部分人都沒察覺到我們常常為了方便而放棄原則，需要的時候提不起勇氣，公正只是停留在理論的觀念，節制則隨心情飄忽不定，更別提能在人生起伏中展現多少智慧了。

原文注

1 Epictetus, *Discourses*, I.2.

2 蘇格拉底對智慧即至善的看法可見於柏拉圖《歐緒德謨篇》。Plato, *Euthydemus*,translated by G. A. McBryer and M. P. Nichols, introduction by D. Schaeffer (Focus Philosophical Library, 2010)。我根據斯多噶的觀點出版了一個簡短評論 “Why Plato’s Euthydemus Is Relevant to Stoics,” *How to Be a Stoic*, August 20, 2015, available at: https://goo.gl/9K3t2a。

3 古人將智慧分為兩種。*sophia* 是理解世界本質的能力，「哲學」（philosophy）的語源就是「喜愛＋智慧」（philo+sophy）。另一種是 *phronêsis*，可稱作實踐的智慧，也就是在生活中如何做出好的抉擇，也是斯多噶四德性之一。下一章將探討缺乏 *sophia*（衍生出的新字是 *amathia*）會導致道德上的錯誤，智能和教育皆無法加以彌補。也就是說智力以及知識並不必然帶來智慧。

4 “Shared Virtue: The Convergence of Valued Human Strengths Across Culture and History,” *Review of General Psychology* 9 (2005): 203-213.

5 六項核心美德取自註四之表一。

6 Marcus Aurelius, *Meditations*,XI.27.

7 Epictetus, *Discourses*, I.29. 104.

8 同上，II.3。

9 同上，IV.3。

第八章

惡與無知

展現這點，對方就會停止錯誤。
不展現這點，就不用妄想對方會糾正自己，
因為他始終以為自己沒錯。

——《語錄》II.26，愛比克泰德

不久前我去了位在羅馬古城區的吉奧內（Ghione）小劇場，欣賞歐里庇得斯（Euripides）的經典悲劇《美狄亞》（*Medea*）。這齣劇早在公元前四三一年就在雅典的酒神慶典上初次表演，當時獲得的反應不佳，歐里庇得斯是那年的最後一名。不過最後勝利的還是他，因為競爭對手歐福里翁（Euphorion）雖然得到第一名，卻遭到後世多數人遺忘，反而是《美狄亞》成為二十世紀最常登臺的希臘悲劇。

我看戲那一晚正好是義大利知名女演員芭芭拉·德羅西（Barbara De Rossi）飾演主角。美狄亞這個角色需要精湛演技，情節中她為了報復丈夫伊阿宋（阿爾戈英雄）拋棄自己、投入當地公主懷抱，憤而殺害親生孩子。即便如此，演員還要能激發觀眾對美狄亞的同情。表演結束之前，歌隊★非常震驚（想必當年雅典群眾也一樣），無法理解舞臺上發生什麼事：

> 天意如此難測！神明布置太多絕望。
> 人期盼的不會來，人不期盼的正是神的安排。
> 事情就這麼發生，然後過去。[1]

★編按：chorus，古希臘戲劇分演員與歌隊，歌隊可獨白、作為劇中角色的說話對象，或敘述劇情。

芭芭拉．德羅西表現得可圈可點，當然最大功臣還是歐里庇得斯深入刻畫人類的愛恨情仇。劇情安排美狄亞為了幫助伊阿宋盜取故鄉傳說中的金羊毛，不惜殺害父親與弟弟，而她這麼做為的不僅是愛人，也想逃離野蠻國度前往文明的希臘（別忘了這是希臘人寫的劇本）。《美狄亞》這齣劇有趣之一在於可以（也確實）被詮釋為厭女和恐外（女主角身為女性和野蠻人），卻也同時被視為女性主義對抗父權社會的早期故事。

作品呈現出強烈的激情，而斯多噶給人的既定形象是冷靜，兩者乍看沾不上邊。然而，愛比克泰德卻透過《美狄亞》點破人性和哲學實踐的關鍵。我們等會兒再回到劇本上，請耐著性子看下去。

問題不是沒能力理解，而是拒絕理解

愛比克泰德曾經和我遇上同樣的問題：學生表示對哲學有興趣，父母卻說哲學不實際、會浪費時間云云。他說：「雙親因孩子修習哲學而生氣時，我們應如此懇求，『父親，就假設我錯了，不知道什麼適合自己。若是這件事情教不來也學不會的話，何必責怪我？但要是能教會我，請你教我吧。要是你不知道怎麼教，就讓說自己懂的人來教。否則難道你認為我會因為想要變好，結果卻變壞了嗎？』」[2]我跟他說，雖然這番話很有道理，但尚未觸及問題核心，畢竟聲稱哲學使人向善是一回事，證實這一點又是另外一回事。

於是愛比克泰德繼續解釋：「我們認同一件事的理由是什麼？因為看起來合理。如果看起來不合理，我們就不會認同。為什麼？因為人類心智天生如此——真的就認同，假的不認同，對於可疑的狀況暫且不做判斷。」[3]我告訴他，或許如此，但若有實證會更具說服力，尤其對學生家長更是如此。他又說：「努力試著在天亮時感覺天黑，你做不到。放下所有白晝的感受，你仍舊做不到……柏拉圖說過，『除非自己同意，否則靈魂不會失去真理。』要明白如果人會認同虛假，原因並非自願，而是錯將虛假視為真實。」這下子有趣了，對吧？意思就是，大家犯錯並非故意，每個人都是從環境或自身培養出判斷標準，按照自己認為正確的方式做事。

近代也有哲學家漢娜．鄂蘭（Hannah Arendt）提出類似而富爭議的概念「惡的平庸」★。《紐約客》雜誌請鄂蘭採訪阿道夫．艾希曼（Adolf Eichmann）

★譯按：原文 banality of evil 常見翻譯為「平庸之惡」或「惡的平庸（性）」，前者時而造成精英主義的誤解，在此採取後者。

的審判。艾希曼在希特勒時期擔任親衛隊上級突擊隊領袖（職等相當於德意志國防軍中尉），負責所謂「猶太人最終解決方案」的後勤運輸。鄂蘭為《紐約客》雜誌撰寫一系列引發極大爭議的文章，最後集結成書，即為著名的《平凡的邪惡：艾希曼耶路撒冷大審紀實》（*Eichmann in Jerusalem: A Report on the Banality of Evil*）。之所以引起爭論，主因在於鄂蘭的解釋中，「惡」時常是不思考的結果，也就是行惡者未必想要為惡，甚至不認為自己是惡人。他們只是隨波逐流，不做批判思考，很可能還認為自己表現很好。艾希曼正是如此。這位軍官就以工作效率為榮，從未顧及自己的效率在匈牙利殘害了幾萬條無辜性命。

我找到鄂蘭最後的採訪錄音帶，內容中她對惡的平庸做出進一步闡述（可能導致疑義的重點德語詞彙以括號標註）：

> 二戰期間恩斯特・榮格遇上一群農民，其中一人收容了營地出來的俄羅斯戰俘。戰俘自然餓壞了，大家都知道他們遭受什麼待遇。可是那農夫對榮格說：「哼，他們算人嗎？看他們吃東西吃成那副德行，和畜生沒兩樣。」事後榮格評論這段故事，「有時德國人好像被惡魔附身。」他這句話的意思與真正的「惡魔」

當然沒關係。整個故事蠢（*dumm*，表示無知、愚昧）得不得了，我是指事件經過。餓很久的人吃相都不好看，但那個農夫沒想到，對吧？任何人太餓的時候都一樣，但他那麼說帶有一種很可怕（*empörend*，表示令人震驚、作嘔）的愚蠢……艾希曼頭腦完全沒問題，卻也表現出同樣的愚昧（*Dummheit*，表示不理性、不合理）。可怕的是這種愚昧，也就是我以平庸兩個字想傳達的真正含義。這種無知毫無深度，更談不上惡魔附身！不就只是單純懶得去想像別人有何感受嗎？[4]

鄂蘭和愛比克泰德都帶入了一個重要的斯多噶的概念，最初是由蘇格拉底提出：人類並非刻意為「惡」，惡源於無知。這句話總會引起一些人震怒：什麼意思？難道說希特勒不邪惡？怎麼會有人這麼天真？還是抱持著什麼奇怪的同情心？但事實上「惡」和「無知」就像很多詞彙一樣，在哲學討論中的意義和口語使用的意義有所差距。

「惡」這個詞似乎會讓人想起某種非必要的形上範疇，倘若討論主題只是特定種類的壞行為就沒有太大問題。但通常談論惡的時候，大家都會落入所謂的

「具體化謬誤」(reification fallacy),也就是自動假設惡獨立於心靈,彷彿它真的「存在於某處」。「邪惡的化身」就是這種概念下的比喻用法,例如說「希特勒是邪惡的化身」,意思是指他是惡的實體化。問題在於惡不具有獨立性質與形而上的一致性,只是簡單敘述人們非常令人討厭的行為,或者導致那些行為的非常討厭的性格。就嚴謹的哲學意義來說,惡並不存在(但不代表非常糟糕的事情沒有發生過)。

接著我們來談談更複雜的概念,也就是人為惡(先跳脫形而上層次)源於「無知」。柏拉圖在《歐緒德謨篇》中提到蘇格拉底這樣說:「善唯智慧,惡唯無知。」[5]但他的話一直遭到誤解,原因在於柏拉圖的用詞是*amathia*,精確來說這個字不能解釋為「無知」。哲學家謝伍德・貝蘭傑(Sherwood Belangia)針對這個主題做了廣泛研究,他的解釋值得參考。[6]

貝蘭傑從蘇格拉底與朋友阿爾西比亞德斯(Alcibiades)的對話切入(收錄於柏拉圖的《大阿爾西比亞德斯篇》〔*Alcibiades Major*〕)。阿爾西比亞德斯是雅典一位命運多舛的將軍和政治家[7],有一次他和蘇格拉底論及道德:

蘇格拉底：但如果你感到困惑，根據先前說過的，你不僅無知，同時還沒發現自己無知？

阿爾西比亞德斯：恐怕是如此。

蘇格拉底：唉，阿爾西比亞德斯，你處境可憐！我原本不想說得太直接，但既然我們是私下聊，就挑明了吧。朋友，一切是你親口所述，足以見得你犯了最低劣的愚昧，正因如此你才會在未受教前就涉足政治。踏進這種處境的不只是你，管理這座城市的許多官員也一樣，例外的很少，或許養育你的伯里克里斯是其一。[8]

上述段落中「無知」和「愚昧」的希臘文分別為 *agnoia* 和 *amathia*。就當時雅典而言，阿爾西比亞德斯已經獲得最好的教育，就一般標準來看也十分聰明，所以「無知」、「愚昧」都不能精確對應蘇格拉底要表達的意思。換個方式敘述的話，阿爾西比亞德斯是不智的，「未受教」就「涉足政治」代表他缺乏德性智慧。蘇格拉底特別以他和伯里克里斯做對比，因為伯里克里斯身為雅典的雄辯家，聲名不只在於有教養和聰明，還充滿智慧，是成功的政治家；相對而言阿爾西比亞德斯則因為不夠睿智而一步步走向悲劇。由此觀之，對 *amathia* 一詞更適合的解釋是缺乏智慧，亦即哲學字根 *sophia* 的反面。

貝蘭傑進一步幫助讀者理解：「*a-gnoia* 直譯就是『不——知道』，*a-mathia* 直譯則是『不——學習』。而 *amathia* 除了指無學習能力，另一種形式則是不願意學習……羅伯特・穆齊爾（Robert Musil）曾經寫下一篇短文名叫〈論愚昧〉，內容分辨了兩者的不同。他稱前者為『正直的愚昧』（honorable stupidity），因為是天生的；後者較為低劣，他稱之為『聰明的愚昧』（intelligent stupidity）。」[9]

此外，貝蘭傑引用了哲學家葛倫・修斯（Glenn Hughes）的說法，闡明 *amathia* 和納粹的關係。修斯認為「聰明的愚昧」並非「缺乏智能，而是智能失靈，於是誤以為自己做到了根本沒做的事情」。聰明的愚昧「並非心理疾病，卻最為嚴重，是危及生命的心靈缺陷」。危險在於「不是沒能力理解，而是拒絕理解，且無法透過理性辨析、累積資料與知識、擴展嶄新和不同體驗，來達成治療或逆轉」。它是「心靈上的病態」，需要經由靈性層次才能治癒。[10]

英語詞彙中似乎缺少 *amathia* 這樣的重要用詞。它的意義是智慧的反面，不懂得如何與他人互動，並導致正常、聰明的人採取糟糕的行動。更麻煩的是無法透過理性論證來消弭 *amathia* 的狀態，因為這樣的人即使理解論點也因為品格瑕疵而難以修正。正如斯多噶學派所述：品格瑕疵是先天、後天（以家庭教育為最）和自身理性交互影響的結果，若早期發展出了差錯，很難單憑理性就能矯正 *amathia* 的問題。

認知的失調

現在我們終於再度回到《美狄亞》。愛比克泰德特別指出，歐里庇得斯筆下的女主角有這麼一句臺詞：

> 我很清楚自己犯下什麼罪過，
> 但激情蓋過了所有思考。[11]

愛比克泰德補充：「對她而言，向丈夫復仇的激情與滿足，勝過拯救孩子。」我也明白，但她的心靈顯然遭到蒙蔽。「那為什麼還要厭惡她呢？她不過是個看不清人生、從人化為蛇蠍的悲哀女子啊。既然如此，不是該同情她嗎？我們同情瞎子和跛子，不也應該同情失去重要能力的人。只要記住這一點，我想我們再也不會氣憤、厭惡、咒罵、責怪、仇恨或攻擊別人。」[12]

這又是對於人性極為震撼而深刻的洞察，所展現出的濃烈慈悲情懷，會讓人聯想到例如基督宗教，而非斯多噶主義，然而，這番話確實出於由奴隸變成人師的愛比克泰德。美狄亞知道為了懲罰伊阿宋而要孩子受苦是不對的，但推動她行為的不是理性，而是情緒（復仇）。面對這種情況，愛比克泰德建議我們給予同情而非憤怒怨懟，因為無論「惡」是什麼意思，都沒辦法說她真的是惡人。美狄亞只是缺少了一項重要能力，與跛腳的人沒兩樣（注意愛比克泰德自己就是跛子）。她少了智慧，受到 *amathia* 影響，無法像正常人在特定情境中依舊明辨是非，最後才會做出在外人眼裡看來難以接受的惡行。如果我們將斯多噶主義加以內化，或者抱持佛教與基督教的慈悲心態，就再也不會對別人的錯誤感到憤怒，沒有必要責備、怨恨，也不會覺得自己遭到輕賤欺負，這樣的世界肯定會美好許多。

愛比克泰德繼續闡釋為何他認為像美狄亞這樣的人是種悲劇：

每個錯誤都是矛盾。犯錯的人並不想犯錯，他們也想做對，只不過顯然得到的結果不符他們所期望。小偷想要什麼？只是追求自己的利益。倘若偷竊不符合自身利益，他的所作所為不就違反自身期望嗎？具有理性的靈魂排斥矛盾；而一旦人無法覺察自己身陷矛盾，也就不會克制矛盾的言行。可是只要他們明白了，內心的強烈需求就會驅使他們拋棄矛盾、改變作為。[13]

美狄亞要的不是罪孽，她相信自己做的沒有錯。雖然與美狄亞的情況大相逕庭，動機和結果都不同，但愛比克泰德眼中的艾希曼恐怕也是如此。

現代心理學發現了一種相關的現象，名為「認知失調」（cognitive dissonance），最初由利昂．費斯廷格（Leon Festinger）加以描繪：當一個人認為內心兩種對立的判斷都正確時，就會產生認知失調，並因此感到極為不適。沒有人喜歡認知失調的感受，就像愛比克泰德說的，沒有人是刻意犯錯。於是認知失調者會竭力尋求自認為合理的理由與判斷，縱使旁人看來他們的想法只是藉口、甚至荒誕。公元前六世紀，伊索就以狐狸和葡萄的故事活靈活現描述了這種狀況。★道理不變：認知失調的人缺乏的不是智力或教育。我見過很多聰明且高學歷

★譯按：即「酸葡萄心理」的由來。寓言中狐狸不斷嘗試仍吃不到葡萄，最後告訴自己「就算吃到了說不定也是酸葡萄」。值得注意的是，現代所謂酸葡萄心理通常帶有諷刺或貶抑，然而原版寓言中狐狸只是自我安慰。

的人抗拒達爾文演化論，儘管演化論是基礎扎實的學問。他們覺得自己不得不反對，因為演化論牴觸了聖經；身為虔誠基督徒，這群人一輩子信奉聖經記載的全部。倘若必須在達爾文與上帝之間做個選擇，對他們而言，上帝優先是很自然、甚至理性的答案。對此愛比克泰德一定不會感到訝異，我初次面對創造論的基本教義派時也不該感到意外才是，不過當年我太年輕，或許也不夠睿智。作家邁克爾・謝默爾（Michael Shermer）提到越聰明的人越擅長合理化自己的認知失調[14]，譬如陰謀論者就十分懂得將別人說詞的漏洞擴大為世界真正的模樣。

可以怎麼辦呢？心理學界提供了一點方向。目前已經發現，若要改變學生對科學理論的認知，最好的辦法其實是加強他們的認知失調，直到他們心裡太過不適，就會主動搜集資料解決矛盾。[15]當然這麼做未必適用於所有案例，對美狄亞或艾希曼恐怕就無效，但也算提供了瞭解和因應認知失調的一個線索。

然而，一如批評漢娜・鄂蘭的人，我也有類似憂慮：惡的平庸或者 *amathia* 這種觀念，會不會淪為惡人與惡行的開脫之詞？是不是多多少少會鼓勵大眾對「惡」採取消極被動的態度？愛比克泰德自然也思考過這一點：「『有人謾罵你』，那麼感謝他沒有動手。『他動手了』，那麼感謝他沒真的傷到你。『我受傷了』，那麼感謝他沒殺死你。畢竟我們何曾受教導說：『人類是文雅合群的生物，作惡不只傷人也會傷己。』既然對方不懂或者不相信，他按照自以為最好的方式做事，有什麼好奇怪的？」[16]

讀了這段話應該很難不讓人聯想到「有人打你的左臉，就伸出你的右臉」這則名言。愛比克泰德除了主張堅忍與耐性，更進一步診斷出問題癥結：為惡者因為 *amathia* 而無法瞭解切身利害，不明白做壞事傷最重的終究是自己。從斯多噶的觀點來看，他們需要的與所有人類無異，就是在社會生活中善用理性。

我們則應謹記，人會做壞事是由於缺乏智慧，除了培養慈悲心，更應時時提醒自己發展智慧的重要。

原文注

1 引用於 *Robert Browning: Selected Poems*，編者 John Woolford, Daniel Karlin, and Joseph Phelan (New York: Routledge, 2013), 364。

2 Epictetus, *Discourses*, I.26. 111.

3 同上，I.28。

4 感謝好友 Amy Valladares 告知此訪談並為我翻譯。訪談全文（德語）“Hannah Arendt im Gespräch mit Joachim Fest (1964)”，見於 https://goo.gl/JOeyJC（二〇一四年八月八日刊出）。英文逐字稿刊載於 *Hannah Arendt: The Last Interview and Other Conversations* (New York: Melville House, 2013)。

5 Plato, *Euthydemus*, 281d.

6 Sherwood Belangia, “Ignorance vs. Stupidity,” Shared Ignorance, September 8, 2014, https://goo.gl/vmI0hg.

7 阿爾西比亞德斯是十分精彩的歷史人物，不可思議且非常可惜的是至今未有傳記或電影。伯羅奔尼撒戰爭開始時他隸屬故鄉雅典，後來卻遭放逐，於是轉投斯巴達並反過來擊敗雅典數次。可是他在斯巴達又樹敵，所以向希臘城邦的死敵波斯投誠。最後竟重返雅典，許多學者認為他推動的西西里遠征是雅典戰敗主因，但問題在於遠征並未如他規畫進行，因為他又被同胞趕走，指揮權落到庸碌的尼基阿斯（Nicias）手中。阿爾西比亞德斯再次流亡至弗里幾亞（Phrygia），在當地尋求對抗斯巴達的機會，很可能在山區遭斯巴達人設計而亡。

8 *Alcibiades Major*, 118a-c, in *Plato in Twelve Volumes*, vol. 8，譯者 W. R. M. Lamb (Cambridge, MA: Harvard University Press; London: William Heinemann Ltd., 1955)。

9 Belangia, “Ignorance vs. Stupidity,” available at: https://woodybelangia.com/2014/09/08/ignorance-vs-stupidity/

10 Glenn Hughes quoted in ibid. from an essay entitled "Voegelin's Use of Musil's Concept of Intelligent Stupidity in Hitler and the Germans" (Eric Voegelin Institute, 2007).

11 Euripides, *Medea*, 1078.

12 Epictetus, *Discourses*, I.28.

13 同上，II.26。

14 Michael Shermer, *Why People Believe Weird Things* (San Francisco: W. H. Freeman, 1997).

15 Barbara J. Guzzetti, Tonja E. Snyder, Gene V. Glass, and Warren S. Gamas, "Promoting Conceptual Change in Science: A Comparative Meta-analysis of Instructional Interventions from Reading Education and Science Education," *Reading Research Quarterly* 28 (1993): 116–159.

16 Epictetus, *Discourses*, IV.5.

第九章

角色楷模

倘若當初海克力斯說的是「我怎有辦法阻止巨獅、巨豬和暴徒」又如何？我們為何在意？遇上大野豬才驚險，遇上歹徒則能為民除害。

——《語錄》IV.10，愛比克泰德

一九九二年十月十三日美國大選期間，我看到電視上播著副總統候選人的辯論會。那時我剛從羅馬移居到美國不久，電視辯論作為一種「資訊娛樂」對我還很新鮮。臺上有三個人，艾爾・高爾（Al Gore）和丹・奎爾（Dan Quayle）都是政治專業，另一位詹姆斯・史托迪爾立場則比較尷尬，表現也不盡理想。開場時他妙語如珠：「我是誰？為什麼在這裡？」本以為他只是自娛娛人，但後來的情況顯示他真的不懂在臺上該做什麼。當時他看起來是個傻瓜，沒想到過了幾十年，而且距離他逝世也大約十年了，我居然以他為楷模。事實上，史托迪爾是位現代斯多噶人，他的故事很值得大家瞭解。

要對他有所認識，讓我們先回到一九六四年詭異的北部灣★事件：美國軍艦在半夜朝空無一物的地方開火，總統林登・詹森（Lyndon Johnson）以此為由對越南北部發動「報復」轟炸，越戰規模進一步擴大。時任海軍第五十一戰鬥機聯隊指揮官的史托迪爾人在北部灣現場，得知消息以後表示：「究竟是要報復誰？」但上級命令他保持緘默。

翌年九月九日，史托迪爾駕機經過越南北部時被擊墜俘擄，之後七年半的時間他被囚在所謂「河內的希爾頓」†，熬過嚴刑拷打、腳鐐手銬關在三呎寬九呎

★譯按：舊譯東京灣（Tonkin Gulf），位於越南北部。
†譯按：此為美軍使用的戲謔稱呼，正式名稱為「河內火爐監獄」（Hỏa Lò）。

長沒有窗戶的小牢房內。處境如此嚴峻，史托迪爾仍然在監獄內組織動員，建立紀律和規範。為了不淪為北越的政戰工具，他先拿剃鬍刀割傷頭皮讓自己破相，但未奏效，接著他以臉撞板凳使面部腫脹不給敵人可乘之機。為了避免自己撐不過刑求而洩漏同袍的祕密行動，他曾經嘗試割腕自盡。所幸最後他獲釋回到家鄉，只是身體狀況極差。復健過程中，一九七六年史托迪爾獲得軍人最高榮譽勛章，表揚他展現出超越職責所要求的堅強勇氣。

受訪時他被問到哪些人沒能離開河內希爾頓，史托迪爾回答：

> 這題簡單，回不來的是樂天派。他們會說：「我們聖誕節就能出去了。」過了聖誕節，他們改口說：「復活節就出去了。」復活節過了，感恩節過了，聖誕節又來了。最後他們心碎而死……這是很重要的教訓。人不能失去最後勝利的希望，卻也千萬別將希望與紀律混為一談。處境越絕望，越需要紀律。[1]

訪談者稱這是「史托迪爾悖論」，但追本溯源這個道理承襲自愛比克泰德。

一九五九年，美國海軍送史托迪爾進入史丹佛大學攻讀碩士學位，他的主修除了較為常見的國際關係，還有「比較馬克思主義」。他對這兩個領域研究得無聊了，便去哲學系聽課，因此結識了菲力普·萊蘭德（Phil Rhinelander）教授，讓他往後的人生起了很大改變。明明是海軍學生的他卻選修了「善惡問題」，課程共兩學期，他在第一學期期中階段才去上課，為了跟上半學期的進度，教授特別在研究室一對一指導。最後一回補課，萊蘭德教授拿出愛比克泰德的《講義》交給史托迪爾，對他說：「你是軍人，可能會對這個特別感興趣。腓特烈二世每次出征都會帶一本在身邊。」後來史托迪爾讀了《講義》和《語錄》很多次，也親口表示自己能在越南存活要歸功於愛比克泰德，他從哲人身上得到超越苦難的道德意志力，以及看清能力極限的理性明晰。他在最嚴苛的環境下實踐斯多噶主義的控制二分法。一九八一年，史托迪爾進入史丹佛大學胡佛研究所任職，連續十二年就斯多噶哲學進行授課和書寫。[2]

斯多噶是一種心智訓練

接下來的故事不是要為越戰的美國立場辯護（史托迪爾早就知道開戰理由建

立在謊言上），也無意妖魔化北越的行徑，只是提供一段值得眾人深思的個人經歷。史托迪爾明白一個無論戰時或日常都適用的真理：帶著自尊站在道德高點比地面上發生什麼更重要，不管面對的是武器（戰場的情況）或生命際遇皆然。為了保持道德高度，需要鍛鍊精神層面，這也是斯多噶主義派上用場之處：斯多噶就是維繫自尊與道德高度的一種心智訓練。

史托迪爾遭遇的第一場試煉就是九月九日戰機被擊落。他說道：「彈跳之後，我剩下三十秒時間可以和自由世界告別，然後就要掉落前面小村子的街道上。我在心中告訴自己：天助自助，『至少得在這兒待五年，離開所有科技，回到和愛比克泰德一樣的世界。』」[3]

落地被俘後，史托迪爾特別能從自己的處境意識到愛比克泰德強調的可控與不可控。短短幾分鐘內，他從統領百位飛行員、部屬超過千人的高階軍官淪為束手就擒的低賤罪犯。才解開降落傘，史托迪爾立刻被十幾個敵兵包圍：「一陣亂棒胡敲、拳打腳踢，大概三分鐘過後才有個帶著木髓頭盔的人吹哨子。我的腿斷得很慘，當下覺得一輩子不會好了，事後也證明我的直覺沒錯。」[4]他想起愛比克泰德被之前主人打斷腿成了跛子，哲人卻以為：「跛的是腿，不是意志。無論遇上什麼事情都這樣告訴自己，就明白任何障礙都不能真正限制心靈。」5 史托迪爾用了七年半的時間，親身體會希臘哲人所言無誤。

被送進河內希爾頓之後，史托迪爾下定決心恪遵愛比克泰德的教導：無論命運帶來什麼，都竭盡所能做到最好。而他時時銘記在心的，是敵人要能勝利的兩個條件：我方（他自己）陷入恐懼，或者失去尊嚴。於是他仔細觀察獄卒，尤其是負責拷問他的人。他注意到對方的本質並不邪惡，只是依據自己認知的道德標準來行事；想必若愛比克泰德和漢娜．鄂蘭在場，也會得出同樣的結論。說來或許叫人訝異，史托迪爾不怨恨對方，反而保持敬意，因為拷問官的職責就是擊潰囚犯的士氣和製造恐懼。面對這種情況，愛比克泰德也提出了唯一可行的辦法：「如果一個人堅定意志，不求生亦不求死，即便暴君又有何能耐令他膽怯？不可能。」[6]

史托迪爾將愛比克泰德的哲學融會貫通，儘管身陷囹圄又斷了腿，也能勇往直前。他集結囚犯成立祕密組織，以最高軍官的身分盡可能發布合理命令對抗敵人，例如針對逼供建立了可行的招供標準。美軍官方的命令要求他們只能說出自己姓名、階級、序號與生日，但透露的情報不足會害死很多弟兄，於是史托迪爾自己設計了另一套對應方案，原則包括不公開投降、不承認任何罪名，目的是避免淪為北越的宣傳工具。後來敵人的政戰收到反效果，因為美軍俘虜利用上鏡頭的機會揶揄敵方，著名的例子是北越要求史托迪爾的朋友奈爾斯・譚納（Nels Tanner）點名反戰投誠的美軍飛行員，結果他回答了兩個名字：克拉克・肯特和班・凱西中尉。[7] 譚納這麼做的代價是連續三天被繩子扯得肩膀脫臼，之後一百二十三天套上足枷並關禁閉。

後來北越察覺美軍俘虜暗地反抗，便將史托迪爾等十人隔離，時間從三年半到四年不等。他的另一位戰友豪威・盧里吉（Howie Rutledge）回到美國以後念了碩士，論文主題就是刑求和禁閉究竟能不能使人精神崩潰，研究方式是對同袍和有戰俘經歷的人進行問卷調查，結果出人意表：禁閉兩年以下的人表示刑求比較可怕，禁閉兩年以上的人卻認為單獨監禁的恐怖更甚酷刑，原因出在太久無法與人接觸會使人急切渴求陪伴，不在乎對方的身分、思想或政治立場。史托迪爾以愛比克泰德的教導詮釋這個調查結論，認為真正擊垮人類的不是生理苦痛，而是精神屈辱。歷經長期禁閉之後，他想起曾有人詢問愛比克泰德如何濃縮思想精要，哲人的答案是：「寧靜、無畏、自由。」[8] 對此，史托迪爾以身作則。

進一步要探究的是，斯多噶主義在史托迪爾這段苦難中的定位。他能熬過種種酷刑和監禁，真的是得益於斯多噶主義，抑或其實是仰仗天生的堅毅，卻讓斯多噶沾了光？更哲學的提問則是：德性是可以學習的，還是在一個人誕生時便已經決定？古希臘人為此爭辯不休，現代生物學與發展心理學也累積了大量相關實證證據。[9]

柏拉圖《美諾篇》（*Meno*）中記載美諾請教蘇格拉底的對話。「蘇格拉底，請告訴我，人的卓越品性能夠傳授嗎？如果不能傳授，是否可以自己訓練？倘若不能傳授也不能練習，是不是與生俱來？」[10]經過漫長討論以後，蘇格拉底的結論是，「卓越品性」（也就是德性）原則上**可能**可以傳授，但由於根本沒有教師，所以實際上不可能。換言之，他認為具備德性的人恐怕是出生時就帶有稟賦。對此亞里斯多德並不認同，他區隔**道德**德性（moral virtue）與**智識**德性（intellectual virtue）；前者來自天性和後天養成，後者則是心靈成熟以後反思所得。於是德性有了三種來源：一部分是先天；一部分是教養，特別是幼齡階段的培育；最後一部分可透過智能理解，也就能夠傳授。

亞里斯多德對德性的「多重來源」的論點與斯多噶哲學不謀而合，也呼應了現代認知心理學的研究成果。之前章節已經提過，斯多噶學派對於德性建立了一套發展模型，主張人類天生就懂得關心別人，起初局限在照顧者和每天接觸的人，成長到七、八歲累積足夠理性後，進而透過習俗和（時間點要更晚）哲學思辨增進德性。

英雄與道德素質

現代心理學針對道德發展最有名的主張或許是勞倫斯·柯爾伯格（Lawrence Kohlberg）的六階段理論，其前身為尚·皮亞傑（Jean Piaget）的研究加上大量現代實證資料。柯爾伯格描述的六階段可以統整為三種層次：前規範道德（pre-conventional morality，由服從與懲罰進入利己）、規範道德（conventional morality，從人際和諧與從眾進入維護權威與社會秩序），以及後規範道德（post-conventional morality，從回應約定俗成的社會契約進入遵從普遍倫理原則）。這套理論在很多層面上受到批評，包括過分強調理性決策和道德概念上的公義（相對於直覺判斷以及諸如關懷他人等道德德性）。[11]不過即使不同文化強調不同道德導致階段長短各異，六階段論似乎能解釋各式各樣的社會文化。然而，撇開特定的道德心理發展論述，我們依舊能同意倫理道德是得自於天性、教養，以及有此傾向者所進行的思考。這套描述吻合生物學家反覆對各物種進行基因／環境交互作用的研究所得到的發現：複雜的特徵，特別是與行為有關時，似乎總是經由基因和環境的持續反饋而得到發展，也就是先天後天雙重因素交錯。以人類而言，我們的文化以及同胞間的社會互動，理所當然是後天環境重要的一環。[12]有了學術背書，讓我們再回頭看看斯多噶主義。

詹姆斯·史托迪爾、帕科紐斯·俄圭皮努斯、赫維迪俄斯·普瑞斯喀斯、馬拉拉·優素福扎伊，這些角色楷模突顯了斯多噶主義是實用的哲學，不停留在抽象理論。斯多噶強調行為原則和幸福的意義，但將之付諸實行而不流於空談。觀摩與仿效角色楷模是強化自身德性強有力的做法。現代社會同樣會推舉公眾人物給下一代作為學習對象，問題出在我們選擇楷模的標準有問題，以演員、歌手、運動員這類「名人」為主，可想而知他們在演藝、競技以及社群平臺上的傑出表現不一定和道德素質有關。

現代社會有個類似的問題，在於「英雄」一詞過分浮濫，尤其美國。為大眾勇敢捨身的人當然配得上這個頭銜（但不該幾乎只有軍警），而因恐怖攻擊而喪命的人並非英雄，只是單純的受害者。受害者未必展現出勇氣或其他德性，只是正好出現在案發地點。我們應該哀悼，卻沒理由以「英雄」名之，一方面不符合事實，另一方面對真正的英雄也不公平，會導致這個詞意義模糊。

關於角色楷模還有一點應當謹記在心，斯多噶人尤其明白：楷模並非完人，理由很簡單，因為世界上不存在完人。甚且，將「完美」視為楷模的標準，就設下了遙不可及的高標準。有些宗教確實這麼做，而且行之有年，例如基督信仰以耶穌作為所有善行的表率，卻也因此太過嚴苛，信眾必須追逐神的形象並註定失敗，最終只能靠上帝的慈悲得到救贖。

重視實務也深刻理解人類心理的斯多噶學派採取不一樣的策略。塞內卡曾就智者、賢者、斯多噶的理想楷模之本質撰文論述。有些評論認為他設定的標準過高，所以沒人堪稱為智者。[13]塞內卡對此的回應是：「大家嘴上總說沒有智者，但這種說法理由並不充分。智者並非我們為人類編織的幻夢、假造的權威，而是描繪過程中自然而然展示與實現的角色。智者或許不常見，或許間隔很久才誕生一位，畢竟偉大且超越凡俗的人不會比比皆是。而引發這次討論是因為有人提起馬爾庫斯・加圖（Marcus Cato），我認為此人甚且超越我們的楷模。」

此處的馬爾庫斯・加圖是指「小加圖」，羅馬共和末期的議員、凱撒的政治敵手。[14]他出身貴族世家，思想自然也符合其背景，例如無法意識到自以為是理想過度的羅馬共和，實際上嚴重不平等（不過仍比他致力對抗的帝國制來得好），而且是建立在奴隸與武力上。公元前七十二年，小加圖主動請纓討伐奴隸叛黨斯巴達克斯，但他顯然未曾靜下心來好好思考，或許是極度壓迫才引發了叛亂。此外，一如多數羅馬人，小加圖恐怕不甚在意女性的社會地位卑微的現象。以現代標準而言，他完全稱不上角色楷模。然而以今非古是不對的，要超越自身所處的時空環境，只有神能辦到，凡人無可奈何。因此我們必須用他的時代與文化加以評斷，就此而言，小加圖確實堪稱模範。

加圖小時候就很出色，十四歲便詢問教師撒佩頓（Sarpedon）為何沒有人阻止獨裁者盧基烏斯・科爾內利烏斯・蘇拉（Lucius Cornelius Sulla）種種違法舉措。撒佩頓表示，是因為大家對獨裁者的恐懼大過痛恨，加圖聽了回答：「給我一把劍，或許我就能終結國家被奴役的命運。」正因如此，撒佩頓小心翼翼不讓加圖一個人在羅馬遊蕩。後來加圖開始鑽研斯多噶主義，儘管家境富裕卻生活簡樸。二十八歲時他成為馬其頓的軍事將領，總是與部屬一同出征、共享食宿，獲得軍團士兵的愛戴。之後踏入政界，加圖很快建立廉潔名聲，這在當時十分罕見。擔任財政官期間，他起訴為蘇拉盜用公款和謀命的黨羽，被派遣至塞普勒斯時期的財務管理也毫無汙點（同樣在當時難得一見），並為國庫進帳高達七千塔蘭特的銀幣。要知道羅馬時代一塔蘭特相當於現代的三十二點三公斤（七十一磅），而較小的希臘塔蘭特一單位就等於優秀工匠足足九年的工資，或者三槳戰船兩百位船員一個月的軍餉總和。

政治生涯後期，加圖與凱撒公開對立。凱撒步上蘇拉後塵對元老院宣戰，率領軍隊越過盧比孔河並留下「骰子已擲」（*Alea iacta est*）的名言。後續歷史大家應該都很熟悉：雖然起初受挫，後來凱撒還是在希臘法薩盧斯擊敗元老院軍隊。加圖堅持不投降，轉進烏提卡、也就是現代的突尼西亞繼續抵抗。凱撒派人追擊，其聯軍在塔普蘇斯地峽戰役獲得決定性勝利。加圖不願被活捉當成政治工具，依照羅馬風俗以匕首自刎。普魯塔克（Plutarch）描述當時情況：

加圖並未立刻身故，掙扎著翻落床下，撞倒旁邊一張小算數桌，聲響驚動僕人，進來查看以後嚇得慘叫。於是加圖的兒子和朋友們都趕來，看見他倒在自己血泊中，腸子大半掉出來卻還活著回望，眾人大驚失色不知所措。醫生到了發現腸子沒有破裂，想要為他放回去並縫合傷口，然而加圖此時已經清醒，瞭解醫師的打算後將對方推開，甚至主動拉出腸子撕開傷口，馬上嚥下最後一口氣。[15]

凱撒得知之後並不開心，還表示：「加圖，你死了真叫人不甘心，不過要是被我留了活口，不甘心的大概就是你了吧。」可以想見為何塞內卡認為小加圖是名副其實的斯多噶楷模。

談了如何熬過酷刑和獨囚、剖開肚子也不屈服於政敵等等，很多人會認為斯多噶雖非不可能，卻也難如登天了。我的同事哲學家尼格爾．華伯頓（Nigel Warburton）就曾在訪談中問我：「日常生活又如何呢？一般人很少面對那樣極端的處境，也不大需要這麼強大的勇氣和韌性。」[16]

很好的問題，而且答案很簡單：這些精彩故事不只鼓舞我們追求最崇高的品格，同時也提醒我們所面對的難關其實簡單得多。換言之，如果同事遭到上司不當對待，挺身而出沒有那麼難才對？最慘的後果不過就是被老闆開除，至少不是單獨監禁或酷刑。不在戰場也不必付出性命挽救榮譽，日常生活裡活得堂堂正正有那麼困難嗎？想像一下，要是每個人都多點勇氣和正義感，練習一天比一天更節制、更有智慧，世界會變得多美好。斯多噶願意賭一把：希望大家聽了加圖、史托迪爾等人的故事會有所醒悟，成長為更好的自己。

原文注

1 Stephen Palmer, "The Stockdale Paradox: The Right Way to Leverage Hope," http://stephendpalmer.com/stockdale-paradox-hope/

2 史托迪爾針對斯多噶主義撰寫的兩篇論文可在線上找到："The Stoic Warrior Triad: Tranquility, Fearlessness, and Freedom," 一九九五年四月十八日授課內容。http://goo.gl/dszFyQ；以及 "Master of My Fate: A Stoic Philosopher in a Hanoi Prison," n.d., http://goo.gl/jrooWm。

3 VADM James B. Stockdale, "Stockdale on Stoicism II: Master of My Fate," 5, https://www.usna.edu/Ethics/_files/documents/Stoicism2.pdf.

4 VADM James B. Stockdale, "Stockdale on Stoicism I: The Stoic Warrior's Triad," 16, https://www.usna.edu/Ethics/_files/documents/stoicism1.pdf.

5 Epictetus, *Enchiridion*, 9.

6 Epictetus, *Discourses*, IV.7.

7 克拉克・肯特是電影中超人的平民身分；班・凱西則是一九六〇年代初美國劇集《醫林寶鑑》（*Ben Casey*）的外科醫師主角。

8 Epictetus, *Discourses*, III.15.

9 Massimo Pigliucci, Phenotypic Plasticity: Beyond Nature and Nurture (Baltimore: Johns Hopkins University Press, 2001).

10 書中討論更清楚有力的版本可見於 Hugh Mercer Cutler, "Can Virtue Be Taught?" *Humanitas* 7, no. 1 (1994), http://www.nhinet.org/humsub/curtl7–1.pdf。

11 Lawrence Kohlberg, Charles Levine, and Alexandra Hewer, *Moral Stages: A Current Formulation and a Response to Critics* (Basel: Karger Publishing, 1983).

12 Pigliucci, *Phenotypic Plasticity*, 253–262.

13 Seneca, “On the Firmness of the Wise Person,” in *Complete Works*.

14 小加圖傳記可參考 Rob Goodman and Jimmy Soni, *Rome’s Last Citizen: The Life and Legacy of Cato, Mortal Enemy of Caesar* (New York: St. Martin’s Press/Thomas Dunne Books, 2012)。

15 Plutarch, “Life of Cato,” in *Parallel Lives*, Delphi Complete Works of Plutarch (Delphi Classics, 2013), 70.6.

16 Massimo Pigliucci, “On Death and Stoicism,” IN SIGHT series, Aeon, https://aeon.co/videos/how-the-stoic-embrace-of-death-can-help-us-get-a-grip-on-life.

第十章

身心障礙與精神疾患

不坐輪椅並不是人生的根本意義。

——勞倫斯．貝克對脊髓灰質炎★後健康國際組織的視訊演說

★譯按：脊髓灰質炎即以往俗稱的小兒麻痺症。

斯多噶主義旨在幫助人們切實圓滿生命。然而，暫時的困頓是一回事，一輩子的限制和痛楚又是不同狀況。斯多噶是否對坐輪椅的人、受精神疾病所苦的人也有用呢？答案似乎是有條件的肯定，也就是至少在某些情況下能起作用。哲學不是萬靈丹，也不該被當作萬靈丹。

本章我們將讓愛比克泰德稍微休息片刻，聽聽現代斯多噶人描述這門哲學如何陪伴他們度過小兒麻痺後遺症、憂鬱症、自閉症。前章提到古聖先賢教導學生時也會引用諸如蘇格拉底、乃至半神海克力斯作為楷模，本章呈現的則是現代斯多噶楷模，他們的思想行為值得大家參考，作為每日大小事的借鏡。

人活在世界上要能為自己做決定

勞瑞·貝克（Larry Becker，即本章引言之勞倫斯·貝克）曾在威廉與瑪麗學院擔任哲學教授，退休後撰寫了一本現代斯多噶主義的學術書。[1] 我一開始會注意到他就是因為這本著作，我花了幾個月時間和朋友葛瑞格·洛佩茲（Greg Lopez）以及紐約市幾位對斯多噶有興趣的人討論內容。該書內容對缺乏哲學背景的讀者來說不易理解，加上寫作風格算是十分特殊。[2]打從一開始他就以「我們」稱呼斯多噶主義者，感覺得到作者對於身體力行這套哲學有多認真。

結果事實上我根本不明白他有多麼認真！我無意間發現在紐約市立大學研究古哲學的好友兼同僚尼克・帕帕斯（Nick Pappas）也和勞瑞共事過，他們兩人交情匪淺，於是他就為我引薦。[3]

勞瑞受脊髓灰質炎後症候群困擾長達數十年。尼克告訴我勞瑞如何勇敢對抗病魔和殘障，在教職與學術上發光發熱。這樣的背景自然使我以全新的角度理解他的著作，以及他對斯多噶的信念。後來勞瑞提到自己在二〇〇六至二〇〇九年間擔任脊髓灰質炎後健康國際組織主席，並曾發表視訊演說。[4]看了影片以後，我更加充分理解他作為現代斯多噶楷模的地位。

一九五二年那時候小兒麻痺疫苗尚未研發完成，還在青春期的勞瑞罹患了脊髓灰質炎，長時間在醫院做復健。一開始他四肢麻痺，必須躺在鐵肺機內，經過兩年半的努力，他的雙腿有了起色，可惜手臂依舊動不了。勞瑞也有呼吸麻痺的問題且隨著年紀惡化，由於他的橫膈膜無力，得靠頸部肌肉取代，代價是入睡後便會停止呼吸，直到血液內二氧化碳濃度過高而驚醒。他苦笑說：「實在很不方便。」現在他夜間和白天休息時都要靠小型可攜帶的呼吸機輔助，可惜多年前隨復健重返的肢體運動能力又逐漸退化，目前除非一對一否則勞瑞沒辦法給人上課。

影片裡勞瑞首先解釋自己之前不必一直坐輪椅，能夠自行上下樓梯、進出教室。不過在一九八〇年代初他的身體狀況變差了，他開始擔心前往教室和參加教職員會議的那些路程（話說回來每個人都怕教職員會議）。最初勞瑞的反應是什麼也不說，就只是盡量避免行走與上下階梯。過了一段時間，他發現連進辦公室必經的四階樓梯也成了問題，於是常常就坐在辦公桌前發呆不出去，直到傍晚才回家。

一開始勞瑞分析自己的情況後，認為是恐懼症，可能伴隨恐慌發作。於是他尋求擅長復健的精神科醫師協助，對方自己就是盲人，要能從醫學院畢業想必經過一番折騰。可是醫師的診間位在一棟豪華老屋內，出了停車場要先爬上五級不平整的階梯，前院還有四階，一路沒有扶手。感覺不太妙。

會面以後勞瑞稍微解釋自己的狀況，醫師詢問當下他最擔心什麼。勞瑞的答案有點沒好氣：「我擔心自己出不去這屋子。」醫師平心靜氣拿起電話，問祕書屋子後面是不是有斜坡直通停車場，得到確認以後他又問勞瑞：「現在感覺如何？」

「還可以。」他回答。

接著醫師和他探討一連串實際的解決方案：可以換辦公室嗎？不行。大學能給你造條無障礙通道嗎？或許可以。醫師表示，他就讀醫學院的時候必須搭地鐵，而盲人真的很害怕那些地下月臺。「這種恐懼很正常，」他補充說：「你也看到了，我乾脆找個沒地鐵的城市開業。」勞瑞忽然覺得自己傻乎乎的，其實學校早就為他設置斜坡，他當然也有特製的電動輪椅。這是一堂沒有理論，很實際的斯多噶課程。

勞瑞進而回想類似的狀況在生命中發生過多少次，而且不限於身障人士。有所領悟的他，據此對於如何建立個人的人生哲學提出了不少建議，無論殘疾或一般人都可適用。

他的第一個領悟是，能動性★很重要。人活在世界上要能為自己做決定，而不是消極承受。然而要具備能動性是有前提的，例如必須設法成為一個能動者。人出生時是無助的嬰兒，他稱之為「入門人類」（entry-level human being），這個

★譯按：哲學上「能動性」（agency）是指「對外界或內部刺激或影響做出反應或回答」。具有能動性的個體即成為「能動者」，其反面為「受動性」、「受動者」。

階段大家都是「受動者」，依賴他人生存。慢慢經過學習摸索之後，我們逐漸成為能動者，成年後可以掌控自己的人生，也就是主張並爭取能動性（與前面敘述過的斯多噶道德發展理論一致）。對勞瑞而言，殘疾最難熬的就是嚴重影響、甚至抹煞了自身的能動性。可是他表示，就算小兒麻痺癱瘓人的肢體，不代表能動性就徹底被奪走，只是得像他一樣經過漫長痛苦的折磨才能取回。勞瑞將如何面對殘疾視同為如何獲取能動性。

勞瑞指出，取回能動性之後，他就與一般人無異。下一步則是練習如何當個好的能動者。他認為過程包含以下要素：價值觀、選擇、目標、思慮、決定、行動。倘若這些要素彼此不協調、不完整或太薄弱的時候，就算肢體健全也無異於麻痺。此外，舉棋不定、為了保持各種可能性而無法採取明確行動的人，也算是一種行動麻痺。現代認知科學亦證明了，菜單上很多選擇、車商提供許多車款，未必是好事。[5]世界快速變遷，人類需要不斷調整目標、決策與行動，也就是在不斷變化的局勢中掌握能動性。我們好比機師得持續訓練技能，卻又不像機師有電腦模擬輔助。人生只有一次，我們得在不確定的環境中「見機行事」。而另一個壓力來源在於，在我們的生命中通常也有需要顧及的乘客。

他的第二個領悟是，人無須專注於自身殘疾，反而要看向自己擁有的能力。勞瑞學會不將身體障礙放在心上，至少試著將其視為「不喜歡但無所謂」的事。這同樣需要努力練習才能達成，例如將思考重點放在自己的長處。關鍵就是目光要放在自己能做得到的事情，而非做不到的事情；與其哀怨「我辦不到」，不如打起精神說「我可以換個方式做到」。

在此我們也需要遵循蘇格拉底的訓示：認識自己。認識自己的身心能力，等於理解自己的極限所在。對自己能力的無知、甚至自欺都十分危險，應當時時刻刻精準掌握能力所及的範圍，界線不只在於能力高低，也要視當下特定（且會改變的）時空與社會環境。勞瑞進一步建議大家培養內在警覺，隨時注意能力與行動之間是否有落差，警報響起就代表我們該停止為難自己，重新（或繼續）掌握生命。勞瑞根據個人經驗瞭解到認識自己並不容易，需要很多練習與足夠的洞察力。

第三個領悟是，我們需要規畫生命。為此我們必須縱觀人生、擬定計畫，如哲學家所言，通盤思考後才做出決定。此處所謂規畫生命並不是指年紀輕輕就立定志向，然後一頭栽了進去。勞瑞的意思是大家要常常思考究竟什麼對自己而言最重要？最適合完成目標的途徑是什麼？並根據能力與情勢的變化時時修正走向。這樣的規畫應保持動態和彈性，前後一致且可行，而且方向明確，最理想的狀況下還會逐步提升我們對人生的滿意程度。以勞瑞自己為例子，他坦承一九八〇年代末因為思慮不周才無法面對小兒麻痺帶來的後遺症，但換個心境以後他發覺對階梯的恐懼可能只是杞人憂天。

第四個領悟是，我們要追求內在和諧，一方面是調和人生規畫的各種要素，另一方面是靈性和理性經驗、欲望和需求、理智與行動的結合。「就個人來說，我認為和諧的生活比起成為傳記作家、記者或狗仔隊追逐的目標要來得有趣，」勞瑞充滿智慧地說。

最後勞瑞提醒大家，要注意人生道路上的牆。撞上了要能認出來，當然用力撞上去之前就看見最好不過。據他所述，訣竅就是能屈能伸，知道什麼時候要放手，離去的時間不早一分也不遲一分。不撞牆的前提除了經常確認自己能力程度，還要精確判斷看似牆的障礙究竟是不是牆。「如果只是障眼法，就要用力闖過去；但如果真的是一堵牆，就要設法繞過或乾脆換個方向。」他補充解釋。而麻煩在於大家常常無法辨別哪堵牆該擔心、哪堵牆可以直接拆掉。勞瑞的處理方式是回歸基本面，確立自己的基本人生目標與承諾，例如結髮四十六年的妻子、專業生涯，以及致力創造任何人都能安心生活的物理與社會環境，只有當這些東西受到威脅且難以跨越的情況，勞瑞才覺得真的撞牆了，需要調整步伐。至於無障礙坡道，在他的角度來看並不算是牆：「不坐輪椅並不是人生的根本意義。」

在此無須更多補充，勞瑞是認真的學者，而且在艱困處境身體力行斯多噶哲學，我除了崇敬還是崇敬。往後當我的人生撞牆時，必然也會想起他的提醒，許多阻礙可能只是自我中心生出的幻覺，此時應謹遵愛比克泰德的名句：「忍之，戒之。」★6

負面觀想的力量

第二位現代斯多噶楷模是安德魯・歐佛畢（Andrew Overby），他透過哲學對抗的人生難關是憂鬱症。與勞瑞不同之處是我尚未與他見過面，只有我單方面透過部落格與社交平臺認識對方。[7] 讀者當然會發現我沒拿自己作例子，因為命運待我仁厚，生平經歷相較諸位模範不值一哂。然而，人類的長處就在於能透過語

★譯按：原文 bear and forbear，意思是忍耐命運的遭遇，同時克制自己內心的負面感受或回應。

言文字交流想法與情感，不受到主觀經驗的局限，儘管永遠無法肯定別人實際感受為何，我們仍能經由理解達到同理。[8]

安德魯從自身角度描述斯多噶主義在他所處的情境下能提供什麼幫助。再次強調，這些敘述並非來自像我這樣的人，我未曾親身體會憂鬱症，面對陷入這般困境的人只能照本宣科給予建議。安德魯則不同，他提供第一手經驗告訴大家，解決問題的過程中何者有用、何者無用。安德魯和勞瑞一樣，兩人從未表示斯多噶是仙丹妙藥，但依舊從實踐中獲益匪淺。

首先，他表示受憂鬱症所苦時，最重要的事就是時時監控自己和內心狀態。斯多噶主義正好就強調我們要練習控制自身的反應，反省自己的認知與詮釋世界的方式。

接觸斯多噶時安德魯才二十四歲，還相當年輕，他的憂鬱症源於認知到想像與現實的鴻溝，也就是他期望的人生和世界不同於真實的人生和世界，所以他需要重新思考生命，或許得稍微抽離一下才行。他選擇斯多噶一方面是聽說它與佛教有不少共通點；另一方面是因為前往阿肯色州柯林頓圖書館時發現，原來哲學家皇帝馬可．奧里略得到柯林頓總統高度評價（至於柯林頓的為人與生涯是否符合斯多噶形象，我留待別人討論判斷）。最讓安德魯感興趣的一點，是斯多噶哲學有個目標是追求心靈平靜，這一點在羅馬時代特別受到重視。每個人都渴望內心的安寧，不過罹患憂鬱症的人需求更為強烈。斯多噶的切入點是培養正向情緒、注意並排拒負面思考（之後會詳述相關技巧）。其他吸引安德魯的特點包括斯多噶追求全人類的和睦、以不執著外物的主張呼應過度消費的社會、強調對他人的責任，以及面對逆境時從容自若的態度。

藉斯多噶之助，安德魯將憂鬱轉化為另類優勢。他解釋說：「憂鬱症的人自我認知特別敏銳，太過意識到自己，而且偏向負面，只要情況稍稍偏離自我理想標準時，就會深刻意識到世界充滿缺憾，無法實現人的價值。憂鬱還有一部分來自執著於過往的失敗，內心反覆播放同樣的情節，於是只對不好的結果有信心。這種思維十之八九對追求好結果沒有幫助，要是再度失敗則落入惡性循環，一次失敗造就另一次失敗，形成永遠無法填滿的空洞。」

安德魯察覺負面思考與憂鬱症的關聯之後，立刻想起愛比克泰德的控制二分法。自己的決定和行為能夠控制，際遇以及他人的思想行動則不受控制。可想而知，非憂鬱症患者讀了《語錄》和《講義》裡切中自身狀態的幾個句子，很容易就忽然海闊天空。但安德魯需要持續閱讀與反思。事實上，斯多噶主張唯有透過反覆的用心操練才能改變習性、甚至內在感受——現代精神醫學也證實憂鬱症和許多精神問題可藉此得到改善。

斯多噶主義強調以逆境作為人生修煉，也是安德魯覺得特別有幫助的觀念。馬可．奧里略在《沉思錄》一書中簡潔有力地點出了這個道理：「生命的藝術比起舞蹈更近似摔跤，必須站穩腳步迎接突如其來的衝撞。」[9]想像人生是柔道，斯多噶面對人生逆境的方式就像練習場上的柔道選手，對手存在的意義不（必然）是擊潰我們，而是告誡我們要步步為營。斯多噶人渴望遇上對手，唯有如此才能精進。現代斯多噶人威廉．爾凡說：「實踐斯多噶主義後帶來很有趣的變化，以前我很怕被罵，現在卻成了辱罵的鑑賞家。被罵的時候，我會對人家說的話進行分析和分類，還期待下一次被罵來豐富自己的『收藏』。我知道聽起來很古怪，但是實行斯多噶以後就會尋求親身實證的機會。」[10]確實奇怪，但我和安德魯都能證實斯多噶就是能使人解脫、化阻礙為力量。

安德魯的體驗突顯斯多噶哲學有兩個層面對憂鬱症患者特別有益，其中包含反直覺的理解。首先，愛比克泰德要求大家注意自己的「印象」，也就是面對世界的第一個反應，並察覺其中的諸多矛盾。想想爾凡收集各種批評，別人表達意見可能是基於事實，也可能毫無根據，而無論說話者動機為何，是否將評論視為羞辱完全操之在己。有人會說我胖，年紀輕的時候我確實常碰上這種情況。人家說的對不對？以前某個階段我確實胖，所以為什麼要覺得受辱？因為事實而覺得受辱代表什麼？反之，要是人家說的不對呢？批評的人幼稚又昧於事實，明明是對方不講理，怎麼變成我受辱？對此，愛比克泰德給我一個善意提醒：「站在石頭旁邊罵能起什麼作用？如果一個人把自己當作石頭，罵他的人能怎麼辦？……對方說，『我把你罵得狗血淋頭！』你可以說，那就願你能從中得到好處。」[11]

另一項安德魯覺得頗有幫助的斯多噶練習十分出人意表，叫做負面觀想（negative visualization），基本概念同樣被運用於現代認知行為療法與類似練習：經常專注於可能的負面情境，但反覆告訴自己現實並沒有看起來那麼可怕，因為還有許多內在資源可以因應。負面觀想練習在古羅馬時期稱為 *premeditatio malorum*（字面意義就是預見壞事），想像的情節輕至被擋路的煩躁，重至親朋好友甚或自己死亡。

為什麼有人，尤其還是憂鬱症的人，要故意想像最壞的場面？一方面，實驗證明這麼做確實有效，觀想能降低我們對負面事件的恐懼，如果成真了也等於提前做好危機處理的心理準備。另一個作用在於，若想像沒有成真，我們會心存感激，可以悠閒開車兜風享受晴朗天氣，與活得幸福美滿的親友們相處團聚。

沒成功比沒信心好

作為楷模的第三位斯多噶人匿名發表文章，所以我連對方名字都不知道，更難以想像她（為方便姑且安上性別）的心路歷程。[12]她在撰文前十年被診斷出泛自閉症障礙，之後幾年伴隨出現了憂鬱症，因為她發現夢想的學術道路再也走不下去了。要成為歷史學家並找到工作已經不容易，更困難的是她無法處理現代學術圈的社交環境。害怕失敗、缺乏自信是她的人生寫照，最後甚至嚴重得必須住進精神科病房。青少年時期她曾經閱讀喬斯坦．賈德（Jostein Gaarder）的暢銷作品《蘇菲的世界》（*Sophie's World*），出院後她上網查閱「認知行為療法」以尋求實際做法，結果看到一位執業醫師提及療法可以追溯到佛教與斯多噶主義。

她搜集資料後從羅馬劇作家暨演說家塞內卡身上找到最多共鳴。（我從現代斯多噶人身上看到一個很有趣的現象：大抵因為每個人性情相異，所以各自受到不同古人獨特的詮釋吸引。我當然還是最欣賞愛比克泰德。）塞內卡提到自知的重要，指出有時候進步的最大障礙就是自己——我們看見該去的地方、想去的地方，卻無法振作起來踏上旅程。這段文字顯然打動了這位匿名作者：「對某些泛自閉症患者而言，問題在於不知道怎麼做才對自己好，研究發現部分自閉症患者幾乎終其一生找不到意義所在。」

觸動匿名作者的第二點是，塞內卡主張人的存在要有社交層面。其中著名的一段話是：「與別人的關係就像石拱門，石磚不互相支撐就會崩塌，唯有彼此依靠才能支持下去。」[13]以具有社會功能的方式與他人互動依舊是匿名作者的最大挑戰，但至少現在她透過斯多噶引導有了清楚明確的目標，而且每當她需要提示，塞內卡總會不厭其煩回應：「我不知道會不會進步，但沒成功總比沒信心來得好。」[14]

本章舉出勞瑞、安德魯以及匿名作者三個案例，他們基本的共同點就是因

為斯多噶主義而改變觀點，以截然不同的角度面對生命。這正是哲學應有的作用。每一位重要的斯多噶作者都強調關鍵在反思自身處境，盡力從兼具理智和情感的角度重新看待人事物。不必懷疑，至少就斯多噶的立場，兩者並不衝突。這樣的新視野讓人更容易適應處境。不意外地，斯多噶主義因此常被指責是聽天由命——儘管我們認識的斯多噶代表其實最為積極，也竭盡所能塑造更好的世界。適應是人類生活的核心技能，不限於坐輪椅、憂鬱症和自閉症，因為每個人都可能碰上難關而必須做出調適。

最終，嶄新的視野和理解結合適應技巧，有時能夠開啟新契機，生出我們從未想過的解決方案。比方說，精神科醫師給勞瑞的建議裡頭就有高度可行的選項。斯多噶不是萬靈丹，但這套哲學可以幫助我們，就連本章三位故事主角都在艱困處境中得到指引，想必值得大家留意、乃至於親身實踐。

原文注

1 Lawrence Becker, *A New Stoicism* (Princeton, NJ: Princeton University Press, 1997).

2 紐約市的斯多噶團體可見 http://www.meetup.com/New-York-City-Stoics/。

3 見面成果之一是我針對斯多噶的理論與實務的不同層面與勞瑞進行訪談，"Interview with Larry Becker" 分為二〇一六三月二十二、二十四、二十九和三十一共四篇，張貼於 How to Be a Stoic 網站：https://goo.gl/cf PGgL; https://goo.gl/FyFZT8; https://goo.gl/hKgW1w; https://goo.gl/Gcc6La。

4 "Developing a Personal Philosophy About Disability," 可見 http://www.polioplace.org/personal-philosophy-disability。

5 關於選擇過多造成的「消費麻痺」現象，參考 Hazel Rose Markus and Barry Schwartz, "Does Choice Mean Freedom and Well-being?" *Journal of Consumer Research* 37 (2010): 344–355; Tina Harrison, Kathryn Waite, and Phil White, "Analysis by Paralysis: The Pension Purchase Decision Process," *International Journal of Bank Marketing* 24 (2006): 5–23; and Graeme Drummond, "Consumer Confusion: Reduction Strategies in Higher Education," *International Journal of Educational Management* 18 (2006): 317-323。

6 Epictetus, Aulus Gellius, *Noctes Acticae*, xii.19.

7 Andrew Overby, "How Stoicism Helped Me Overcome Depression," Stoicism Today, September 19, 2015, http://goo.gl/sIGWuR.

8「自己以外的某人或某物是什麼感受」在哲學上是無解的問題，參考 Thomas Nagel, "What Is It Like to Be a Bat?" *Philosophical Review* 83, no. 4 (October 1974): 435–450, http:// goo.gl/PjZSeM。

9 Marcus Aurelius, *Meditations*, VII.61.

10 William Irvine, *A Guide to the Good Life: The Ancient Art of Stoic Joy* (New York: Oxford University

Press, 2008), 254.

11 Epictetus, *Discourses*, I.25.

12 詳見 "Stoicism as a Means to Cope with Autism," Stoicism Today, April 26, 2015, http://goo.gl/YOQBfM。還有許多現代斯多噶主義者透過哲學力量應對個人生命的重擔，礙於篇幅無法一一羅列。請參考 Leonidas Konstantakos, "On Epictetus and Post-Traumatic Stress," Stoicism Today, January 30, 2016, http://goo.gl/0xXDrl; Chris Peden, "Autism and Stoicism I," Stoicism Today, April 25, 2015, http://goo.gl/0gXOyV（從養育兩個自閉症孩子的家長角度出發）；以及 Marco Bronx 動人心弦的故事 "In Praise of Chronic Pain: A Stoic Meditation," Stoicism Today, July 30, 2016, https://goo.gl/F5zOi2。

13 Seneca, "On the Usefulness of Basic Principles," *Letters to Lucilius*, XCV.53.

14 Seneca, "On Reformation," *Letters to Lucilius*, XXV.2.

第三部

三訓之「認知」：情境與反應

第十一章

論死亡與自殺

我一定會死，不是嗎？要是馬上就得死，那也沒什麼好說。假如可以緩一緩，既然是晚餐時間，我會先去填飽肚子，等時候到了再死吧。

——《語錄》I.1，愛比克泰德

古時候的斯多噶學派很關注死亡議題。在此用「關注」一詞或許不甚正確，應該說他們明白死亡的意義以及人為什麼執著於生死，從而發展出一套獨具風格且特色鮮明的觀念。[1]

我與愛比克泰德針對這個議題進行過多次漫長且嚴肅的探討，因為死亡這件事曾經深深困擾著我。有段時期我幾乎天天思索，偶爾一天要想個好幾回。別誤會，我並不是多愁善感、陷溺憂鬱的人，反而多半樂觀正向、隨遇而安，加上命運待我算是很不錯了。此外，身為生物學家，我明白死亡是自然的規律，遠古時代的先祖們就已經走上這條演化道路。（拿細菌來說吧，它們不會老死，只因意外而亡，但相對地也無法發展出哲學。）即便如此，想像有一天自己的意識會歸於虛無，依舊令人不安。直到我讀到本章開頭引用的文字時終於出現轉機，我大笑暗忖：**面對大部分人最恐懼的事情，這樣的態度未免太輕鬆了吧**。

愛比克泰德向我解釋了為何人會對死亡感到不安。「麥子為什麼成長？它不是在陽光下成熟嗎？但成熟之後是不是就會被收割，身體一分為二？要是麥子有感覺，會因此祈求自己永遠不被收割嗎？可是不被收割對麥子是個詛咒，就像不會死亡對人類也是詛咒，因為不成熟才不會被收割。身而為人，我們明白自己註定要被收割，所以我們感到氣惱，因為我們不知道自己到底算什麼，我們對自己的瞭解不像養馬的人對馬匹那樣瞭如指掌。」[2]

這段文字饒富深意，串連三個概念。首先愛比克泰德指出人類與其他生物並無二致：麥穗註定在陽光下成熟，我們也遲早要接受「收割」。古時候的斯多噶學派相信宇宙有個主宰者，他們比今日多數人更接受命運。即使完全從現代科學的角度討論，我們也知道自己只是地球上數百萬物種之一，而且宇宙間可能有數十億星球能夠孕育生命。

愛比克泰德的第二點是關鍵：人類之所以沮喪難過，是因為我們和麥子或其他多數物種不同，我們有能力思考何謂死亡。可是知識無法改變目標的本質，只能改變我們面對它的態度。於是討論重心又回到斯多噶的基本觀念「控制二分法」：死亡屬於不可控制的事（必然以某種形式發生），但我們可以控制自己如何看待死亡；後者才值得我們努力探究。

第二點帶出第三點：愛比克泰德將研究人類比喻為研究馬匹，提醒我們之所以害怕死亡是出於無知，倘若我們像馴馬師瞭解馬兒一樣通曉人類自身的狀態，就會改變我們對死亡的態度。

不昧於死，不昧於生

雖然說了那麼多，愛比克泰德察覺我仍舊不夠信服。他是個好老師，面對有潛力卻無法掌握重點的學生，會改變策略因材施教。「你有沒有想過，人類的惡行、卑劣或怯懦的心態，根源並非死亡本身，而是對死亡的恐懼？要對抗這樣的恐懼，我希望你保持紀律，遵循聽過的教誨、受過的訓練以及自己的理智，想必你會發現唯有如此人類才能達到自由。」[3]其他斯多噶人，如塞內卡以及後來受到斯多噶主義影響的人物如蒙田，[4]都沿襲了這樣的觀念：哲學的價值在於幫助人類瞭解自己，不只告訴我們如何活得精彩，也要引導我們接納死亡不再畏懼。就連與斯多噶派對立的伊比鳩魯派也同意這樣的哲學理念，該派創始人在《致米諾修斯的信》（*Letter to Menoeceus*）裡提到：「因此，居諸惡之首的死亡也不能影響我們。明白這道理以後，生時不昧於死，死時不昧於生。」[5]

我追問愛比克泰德：如果生了重病呢？我想或許問題不在於死亡，而是邁向死亡的過程。「你得承受病痛。」當然，那誰照顧我？「神，和你的親友。」所以我就得躺在病床上。「但你會像個人一樣躺著。」如果我連像樣的住處也沒有呢？「即使你有，還是會生病。」[6]這個老師是不是立場堅定！不過話說到這兒也看得出來斯多噶的一貫態度才對。病痛是生命的現實，多數人最終會死於某種疾病。病危時身旁有親人朋友應該慶幸，代表自己品格不差，與他人保持良好互動。親友無力治癒疾病或起死回生，但能陪伴我們走過最後一程，是到達彼岸之前的心靈撫慰。若能在溫暖的家、柔軟的床上結束人生旅程再好不過，但相較於該費心的部分，這些都是小事。

時候到了，難免一死，所以我問道：「你對『死』的定義是什麼？」愛比克泰德糾正我：「無須賣弄文字，只要陳述事實即可。死亡代表人的物質成分回歸組成的要素。那有什麼值得恐懼的？對宇宙而言豈有一分增減，或任何不合常理之處？」[7]愛比克泰德再次以冷靜理智，呼籲我從更寬闊的角度看待世界，不要局限在小我。我兒時在科學方面的學習楷模是天文學家卡爾・沙根（Carl Sagan），他曾經請大家思考自己是什麼，而他的答案是星塵，名副其實的星星塵埃：構築生命的化學元素都誕生於太陽系鄰近區域的超新星爆炸，經過數十億年的演變後才結合為組成肉體的分子。這是很美、很令人讚嘆的想像，而且與愛比克泰德的主張相互輝映——人生終點就是塵歸塵、土歸土，宇宙回收化學成分並形成新生命取而代之。這個循環有沒有意義並不重要，無論如何我們來自宇宙也回歸宇宙間的塵埃。認知清楚以後，應當更加珍惜相較宇宙整體來看極其有限的生命光陰，我們的吃喝拉撒睡、甚至愛恨情仇都轉瞬即逝，擔憂和感慨生命的短暫不合理也沒有助益。

不過有人無法認同這套論述。站在反面立場的一群科技樂觀主義者視死亡為需要醫治的疾病，並投入大量金錢進行研究。概括而言可以稱他們為「超人類主義」（transhumanist），許多成員是白人百萬富豪，大本營則在全球科技重鎮矽谷。其中最有名的或許是未來學家（認為可以研究並預測未來的人）雷蒙德·庫茲威爾（Raymond Kurzweil），目前任職於Google，負責開發能理解自然語言的軟體。

庫茲威爾成就卓著，例如第一套光學字符辨識系統就是他的功勞。本書寫作時他六十八歲，主張將個人意識上傳到電腦可達永生不死，他認為這種技術隨時可能問世，最好能搶在「奇點」（singularity）之前成功。所謂奇點是數學家斯塔尼斯拉夫·烏拉姆（Stanislaw Ulam）想出的詞彙，意指未來電腦智能超越人類的時刻。奇點之後，電腦不需人類也能自行推動技術革新，或許再也不受人類控制。

我個人認為奇點的概念起於誤解了智能的本質，而且人的意識並非物件或軟體，因此「上傳」至電腦這件事或許永遠無法實現，但詳細原因不適合在此處贅述。[8]庫茲威爾以及其信徒般的追隨者表現出的恣肆無忌更值得我們注意。他們似乎認為自己重要得堪比眾神，值得超越自然規律，為此不惜花費巨資與精力，儘管同樣的資源原本可以用於緩解實際且緊急的全球問題。再者，上傳技術（假設有可能）開發成功之後，接踵而來是嚴重的倫理與環境衝擊。究竟哪些人、以什麼代價可以使用這項科技？除了上傳意識，超人類主義的另一個版本是創造永存不滅的肉身——那麼我們還要不要生小孩？人口已然爆炸，天然資源匱乏、廢棄物暴增，地球萬劫不復怎麼辦？沒關係，離開這個星球！殖民外太空！但目前尚未在銀河系找到可居住的其他天體不是問題？就算找到了沒有交通手段也不值得擔心？

越是思考超人類主義，我越是想起古希臘語 *hubris*（傲慢），用來描述他們的想法貼切得可怕。在我看來，庫茲威爾等人只是窮盡一切代價延續自己很享受的派對，而不願接受曲終人散。想像之中，他們和愛比克泰德或許會有這種對話：「不行，我要繼續酒席。」「當然，密教的人想一直舉行儀式，奧林匹克選手也想一直爭冠軍，可惜天下無不散的筵席。還是感恩謙卑地放下離開，讓出位置給別人比較好。你們不走還是會有新人來，人出生了就需要空間、住處、必需品。前面的不退，後面的人怎麼辦？為什麼你們無法滿足？為什麼你們非得擠在這世界？」[9]接續這段話，我們將進入本章第二個更為敏感的主題，斯多噶人對此思索甚多，而我認為頗能夠呼應現代社會。這個主題是：自殺。

敞開的門

二〇一六年七月二十三、二十四日的那個週末，表演藝術家貝西．戴維斯（Betsy Davis）與大約三十位親近的家人朋友開著派對，氣氛十分歡愉，有大提琴和口琴演奏，眾人享用雞尾酒和披薩，欣賞著她很喜歡的電影《童年幻舞》（*The Dance of Reality*）。星期天日落時分，客人們先後離去，貝西進到院子裡凝望夕陽，片刻後服下根據醫囑開立的嗎啡、戊巴比妥、水合氯醛混合藥劑，在看護、醫師、按摩治療師與妹妹的見證下平靜死去。[10]

其實貝西罹患了肌萎縮性脊髓側索硬化症，俗稱為路蓋里格氏病或「漸凍人」。她幾乎完全無法控制自己的肌肉，儘管是個四十一歲的人，卻連刷牙、抓癢這種小事也無法自理，更別想好好站著，說話也咬字含糊必須經由旁人翻譯。所幸加州最近通過協助自殺★法案，貝西終於能夠帶著尊嚴離開。這個故事淒美辛酸，我轉述給愛比克泰德聽後他淡淡說道：「如果不合你心意，門沒有關上；合你心意的話，門無關緊要。但門必須時時敞開。」[11]他與學生討論自殺時，習慣以敞開的門作為譬喻。[12]見我一頭霧水，他又解釋：「想像房裡起了煙，煙不濃的情況下我還能繼續待著，但如果煙霧太濃的話我就得離開。我們要牢牢記住，門一直開著。被命令『不准留在尼科波利斯』，我就離開了。『不准待在雅典』，我就放棄雅典。『也別留在羅馬』，於是我拋下羅馬。『留在吉雅拉』，於是我到了那裡。但結果我發現那是個濃煙密布的房間，只好前往沒有人能阻止我停留的地方，那裡對所有人開放。」[13]

深入探討這段話之前，先插入一段有趣歷史，介紹一下吉雅拉（Gyara）。顯然連愛比克泰德都認為那裡環境過分艱苦，有必要考慮跨過「敞開的門」到另一頭去。吉雅拉是希臘基克拉澤斯群島中的一個小島，也是古羅馬時代麻煩人物的流放地。所謂麻煩人物的其中之一就是愛比克泰德的老師穆索尼．魯弗斯，尼祿皇

★譯按：雖然中文較常使用「安樂死」一詞，但安樂死也涵蓋未經死者（病人）同意的情況，故在此遵守原文的精確用詞「協助自殺」（assisted suicede）。

帝聲稱他參與批索陰謀（Pisonian conspiracy）★，然而這項指控根本莫須有，導致穆索尼第二次被放逐。吉雅拉島環境惡劣，一九六七到一九七四年間控制希臘的軍事獨裁政府曾經回復這種處罰，對象從斯多噶主義者變成左派知識分子，約有兩萬兩千人遭到流放。吉雅拉島生活條件極差，不過或許穆索尼的韌性更勝愛比克泰德，他沒有選擇敞開的門，而是在島上靜靜等待被召回羅馬。

回到愛比克泰德，前面引述的談話有幾點值得注意。首先，他強調是否跨過那道「門」屬於特定情境下的個人判斷。假如情況對你真的難以忍受，離開是一個選擇。再來，關鍵是門得開著才行，正因為還有別條路能走，我們才可以選擇忍受人生中的種種困頓。換個角度說，對斯多噶而言，死亡造就生命的積極意義，有了主動結束生命的可能性，才讓我們能鼓起勇氣在苦難中做對的事。最後要留意，他舉例時說的是被「命令」離開，研究愛比克泰德的學者認為此處的命令來自於神，只是他不特別挑明，如此一來才能符合宗教和世俗的雙重含義。

要記得愛比克泰德相較於其他斯多噶哲學家更信仰神意，或神對宇宙有個計畫，但此處的神並非眷顧個人、回應禱告、干涉命運的神。愛比克泰德用另一個比喻解釋這個概念：「就像腳，我會說它本來是乾淨的，但如果你把它當成

★ 編按：發生於公元六十五年，指試圖恢復共和國體制。

腳，而不是獨立個體，它可以用來踏進泥巴、踩上荊棘，甚至有時候為了保全整個身體而加以截除，這樣它就不是腳了。同樣的道理也適用於我們如何看待自己。」[14]也就是說偶爾某些人可能受到「感召」，決定切斷自己與（宇宙）本體的連結。不過我們怎麼察覺那種感召？如何詮釋宇宙的意志？必須運用理性。但這就完全依靠個人的判斷，決定是否感受到所謂的宇宙呼喚。簡而言之，要跨過那扇門，或者留下來繼續努力，都是個人的抉擇。

身為務實的哲學家，斯多噶人磨練判斷力的方式是借鏡歷史案例，就像貝西·戴維斯的故事引發我對疾病與死亡做了一番深思。首次對自殺這個主題提出意見的斯多噶人不是別人，正是創建本學派的塞普勒斯人芝諾。第歐根尼·拉爾修在《名哲言行錄》中記錄芝諾死亡的不同故事（真相當然只有一個），其中一個版本說他老年病痛、自認無法繼續貢獻社會，於是絕食而亡。雖然未必屬實，但故事的重要性在於斯多噶哲學接受在特定狀況下可以跨過那扇門，畢竟連創始人都有可能這麼做了。

斯多噶歷史上還有不少這類案例，但我只打算提出其中兩個人來增進我們對主題的瞭解。一個是先前提過的小加圖，為了不屈服於凱撒他寧願自己開腸剖肚。另一個是塞內卡，他在斯多噶文化圈內也算是頗具爭議的人物。[15]由於他在尼祿政權下做事，是否真的言行合一尚不得而知。文獻中他或者是城府很深的偽君子，又或者是個入世的聖人，而或許真相介於兩者之間：人格有瑕疵（他自己反覆表態過），但仍在逆境中盡人事。皇帝上任後五年間，他擔任顧問並減少了暴政造成的危害，可惜後來尼祿仍舊走上失控的道路。前面提到批索陰謀造成穆索尼被流放，塞內卡也牽連在內，罪名恐怕也是捏造的。尼祿要他自盡，六十九歲的塞內卡照做了。他原本可以抵抗（儘管未必有用）、嘗試逃亡或向皇帝求情，當時很多人都那麼做，但是他選擇有尊嚴地死去，一方面是保全人格，一方面也求留下部分資產讓倖存的親人有所依靠。

我已經舉出芝諾、加圖、塞內卡三個例子和相關歷史脈絡，他們的故事呈現出跨過那道門的五種不同理由。芝諾自盡的原因是痛楚漸漸增加到難以忍受的程度，以及他認知到自己對社會已經無用，與貝西．戴維斯的情況頗為近似。加圖跨過門檻為的是堅持自己的政治理念。至於塞內卡則想保護個人尊嚴與後人。（史托迪爾也曾經嘗試自殺。）時至今日，同樣的自殺理由仍會在軍界、醫界和道德界引發辯論，所以斯多噶思想也能夠持續影響世人觀念的演變。犧牲小我完成大我可謂英雄情操，因此越來越多地區的立法者效法加州對協助自殺的政策進行評估或予以開放，希望能夠幫助如同二十三個世紀前芝諾這種感受到生命盡頭的人。當然社會大眾還是有許多顧慮，例如為政治目的的自盡可以高尚如加圖（如果史托迪爾自戕成功了也一樣），但現代也有自殺炸彈客。此外，結束自己生命在某些人看來是意志力的體現，卻也有人視為對生命神聖性的褻瀆。

還要考慮有些人自殺的理由未必妥當。比方說，精神疾病患者需要的是治療而非結束生命，也有一些自殺動機過於微不足道，無法得到斯多噶的認同。一七七四年歌德出版《少年維特的煩惱》以後有數起模仿自殺案件，年輕男子將自己代入故事主角選擇輕生，導致這本小說在好幾個地方成為禁書。一九七四年社會學家大衛．菲利普（David Phillips）發明名詞「維特效應」（Werther effect）一詞表示自殺傳染的現象，通常肇因於現實或虛構名人的自殺事件。

愛比克泰德一如既往的睿智，察覺到潛在危險，所以清楚對我指出斯多噶絕不同意對終結生命態度草率：「容我描述聽了之前說法若不得要領，將會產生什麼錯誤心態。一個朋友毫無道理想餓死自己，我得知時他已經絕食三日，便趕過去詢問怎麼回事，得到的答案卻是『我已經下定決心』。好，那麼說說這份決心來自何處，如果是個正確決定，大家都願意幫忙，但要是違背理性的話，就請回心轉意。他說：『人做了決定就要堅持到底。』但只是做決定就好嗎？做決定不難，做正確的決定才是重點。」[16]他並補充：「理由不充分，就先停在原地不要離開。」[17]

原文注

1 其他思想也針對生死提出見解，例如伊比鳩魯派（斯多噶派最直接的對手）以及佛教（斯多噶主義在東方的表親）。

2 Epictetus, *Discourses*, II.6. 159.

3 同上，III.26。

4 蒙田《隨筆集》（作者的「隨筆」文集，影響深遠成為現代一個完整文類）其中一篇標題即為〈研究哲學就是學習死亡〉（出版於一五八〇年），全文可見於 https://en.wikisource.org/wiki/The_Essays_of_Montaigne。文章開門見山說：「西塞羅曾說：『研究哲學不為其他，就是準備自己的死亡。』」

5 Epicurus, "Letter to Menoeceus," http:// www.epicurus.net/en/menoeceus.html.

6 Epictetus, *Discourses*, III.26. 161.

7 同上，IV.7。

8 我的相關論點陳述於 Massimo Pigliucci, "Mind Uploading: A Philosophical Counter-analysis," in *Intelligence Unbound: The Future of Uploaded and Machine Minds*，編者 Russell Blackford and Damien Broderick (Hoboken, NJ: Wiley, 2014)。

9 Epictetus, *Discourses*, IV.1.

10 Julie Watson, "Terminally Ill Woman Holds Party Before Ending Her Life," Associated Press, August 11, 2016, http://goo.gl/jqOr2A.

11 Epictetus, *Discourses*, II.1.

12 古哲學研究普遍認為愛比克泰德所謂「敞開的門」代表自殺，可參考 W. O. Stephens, "Epictetus on Fearing Death: Bugbear and Open Door Policy," *Ancient Philosophy* 34 (2014): 365-391。

13 Epictetus, *Discourses*, I.25.

14 同上，II.5。

15 近期兩篇塞內卡的生平考據對他的道德立場和思想一致性有不同觀點，請見 James Romm, *Dying Every Day: Seneca at the Court of Nero* (New York: Alfred A. Knopf, 2014); and Emily Wilson, *The Greatest Empire: A Life of Seneca* (New York: Oxford University Press, 2014)。

16 Epictetus, *Discourses*, II.15.

17 同上，I.9。

第十二章

如何處理憤怒、焦慮、寂寞

走到何處皆有日月、星辰、夢兆陪伴，並與眾神對談。

——《語錄》III.22，愛比克泰德

常有人以為哲學家不食人間煙火，沉溺在他人沒興趣的空想中。更糟糕的想像則視哲學家為智能詐欺，佯作深思熟慮，其實只想藉由曖昧語言兜售不切實際、瑣碎萎靡的謬論。公元前四二三年，希臘的偉大劇作家阿里斯托芬（Aristophanes）在《雲》（*The Clouds*）這部劇本中取笑蘇格拉底是「辯士」（sophist，無論此時彼時都不是稱讚），不過當年四十五歲的哲人勇敢面對，據說外地觀眾問道：「蘇格拉底是誰？」他得意起身讓劇場所有人看見。[1]

或許由於希臘化時代（緊接蘇格拉底之後）百家爭鳴，無論真實或想像的主張總是令人懷疑是否不著邊際，於是哲學流派紛紛標榜務實精神，斯多噶更是其中佼佼者。而學習處理憤怒、焦慮、寂寞三大現代煩惱再務實不過，但我們仍要強調，斯多噶不像一般心理成長書籍自認為是萬靈丹，冷靜理智面對問題、調整期望切合實際，才是斯多噶人會有的態度。

我也是從與老朋友對談的過程中，學會這樣看世界。他說：

昨天我在自家守護神像旁邊擱了一盞鐵燈籠。聽見奇怪聲音，我跑到窗邊一看，燈籠竟然不見了。我理智思考，知道拿走燈的人也認為自己當下想法正確。

結論是什麼？到了明天，我換盞陶土燈就是。對方比我機靈，所以我丟了個燈，但他拿走燈也得付出代價：為了一盞燈失去信念，淪為盜匪惡徒。[2]

愛比克泰德習慣言簡意賅，我反覆思索幾遍才掌握精髓。首先，他沒有沮喪，只是面對現實。再者，他很快得出兩個實事求是的結論：丟掉的東西取代性很高（隔天就能換一個），以及想避免再度被竊就用價格低廉但功能相同的物品代替（與其用鐵的不如用陶製品），因為和小偷比敏捷是白費心力。最後他分析事件的深層意義；愛比克泰德認為小偷犯案當下覺得自己所作所為沒有錯，估算過付出的代價划算才會採取行動。只不過我們這位智者不認同小偷的邏輯判斷，並質疑：為了一盞鐵燈籠賠掉更珍貴的人格太不合理。[3]

寫書過程中很不幸地我親身驗證了愛比克泰德的教誨。一天我與朋友搭乘羅馬地鐵A線，打算去找我哥哥和嫂子過個悠閒夜晚。進入車廂時我感覺到身旁男子刻意推擠，雖然裡面是有點擠，但絕對足夠兩個人好好站著。過了幾秒鐘我反應過來時已經太遲，原來推擠我的人只是要分散我的注意力，他的同夥從我長褲左前口袋竊走了我的皮夾，並搶在車門關閉前衝出去。竊賊確實比我機靈得多，我的第一反應在斯多噶人口中會被形容是因為受騙而震驚、挫折，還好理智讓我很快想起愛比克泰德說過的話，於是決定不要屈服於腦袋裡冒出來的本能情緒。對，我丟了皮夾、裡頭的現金，還有幾張得趕快掛失的信用卡。好吧，還有駕照得補辦。不過現代電子科技已經進步到只要在手機點幾下，等個幾天就能做好這些彌補措施。（好險手機放在另一邊口袋！）相對來說，小偷賤賣了自己的人格。如果沒有實踐斯多噶，碰上這種事情會讓我一整晚火氣大，惹得所有人心情跟著變糟，卻偏偏影響不到小偷也喚不回皮夾。現在我只需要幾分鐘時間整理思緒，到了哥哥嫂嫂家裡，我的心情已經重返平靜，大家依舊能夠觀賞電影度過一個愉快夜晚。

愛比克泰德丟了燈、我在地鐵碰上小偷，兩個故事不該從宿命論或失敗主義的角度進行詮釋。相反地，我們可以退後一步，更加理性分析處境，謹記控制二分法與自己的能力所及。我們無法除去世界上一切竊盜，但如果認為值得花費時間精力和小偷比賽誰更精明亦不智。我們無法改變盜匪的認知，無法阻止他們拿人格交換一盞燈或一個皮夾，但我們有能力做出不同的判斷。

憤怒的解藥

讀者或許已經注意到語言「重述」是斯多噶的重要演練，基督宗教也有類似做法（憎惡罪，而不是憎惡罪人）。根據現代心理學研究，重述情境是憤怒及情緒管理的重要環節。[4]不過我仍不免懷疑愛比克泰德對盜掠與犯罪的態度太過馬虎，於是我提出質疑，而他的回應不讓人意外：「『什麼！』你很訝異，『強盜和通姦不都該是死罪嗎？』這麼說不對，你要說的其實是，『在最重要的事情上犯錯，如此盲目昏昧分不清是非黑白的人，憑什麼活著？』於是你發覺自己的想法毫無人性，等同於『瞎子聾子都該死』。」[5]雖然我沒提到死刑，但不影響愛比克泰德所要表達的重點：瞭解古希臘 *amathia* 的概念以後，就明白人之所以行惡可以視為思想出現錯誤，因此最好能夠採取同情態度並施以援手，而不是一味譴責。儘管這種理念尚未普及，尤其美國並不常見，卻是最為進步且有效的犯罪矯治方案，已經在部分歐洲國家實施。[6]

美國心理學會對處理憤怒和挫折的建議很有參考價值，與古代斯多噶學派直觀得出的結論相仿，不過加入了許多系統化的實證研究，所以更為完備。[7]該學會首先提出一系列放鬆的技巧，包括深呼吸（運用橫膈膜而不是胸腔）加上簡單有意義的口訣。還可以搭配意象，比方說想像平靜愉悅的情境。也可以配合不激烈的運動，像是瑜伽伸展之類。斯多噶學派沒有發展出口訣的觀念，但也鼓勵實踐者記住一些簡練的語句以備不時之需。阿里安的《講義》就是濃縮愛比克泰德《語錄》後，可供閱讀者提醒的要點摘錄。塞內卡認為怒不可遏是暫時的發瘋，一旦出現跡兆就該趕快深呼吸或到街角走走加以緩和。他在寫給朋友盧基里烏斯的信裡還提到規律運動的好處，即使年紀大了也要保持習慣，因為運動不只有益身體，還能平緩心靈。我個人經驗顯示這些做法都很有效，每當我察覺情緒快要失控就趕快離開現場，找個僻靜地方（廁所也可以！）稍微深呼吸，同時在內心不斷重複我最感共鳴的愛比克泰德式口訣：「忍之，戒之。」

上述建議算是一種身心的急救包，在遭遇突發危機時可以好好運用。美國心理學會也提供幾項有效的怒氣管理長期策略，其中一部分以認知重建為主軸，呼應前面討論過的斯多噶範例。學會建議大家將掛在嘴邊的「真糟糕」換個思考陳述，譬如：「可以的話我不想面對這種狀況，但真要處理也不是問題，生氣才對事情沒幫助。」另外就是將想望化為動力，並明白世界不隨我們心意運轉。威廉・爾凡提出類似的現代斯多噶觀念，主張內化目標的重要性：我追求（不是缺乏或需求）升遷，所以我會盡力爭取；但最後是否得到升遷不是我能夠掌控，除了個人意志，還有很多因素。美國心理學會發表過一篇怒氣管理的專文，不知情的話會以為是愛比克泰德寫的，內容指出：「邏輯擊敗憤怒，因為憤怒即便有理有據，也很容易失去理智，所以要靠冷冰冰的邏輯來約束。」

美國心理學會的下一個建議是，把焦點擺在解決問題，而不是停留在抱怨。但他們也警告大家注意常見的謬誤：（不同於一般文化價值觀）我們必須記住，不是每個問題都有解，有些狀況無法處理也就別逼死自己，只要已經盡力就好。不必將注意力全部放在找到解答，改從大處著眼，包括接受無法圓滿解決的可能性。這樣的思想同樣符合古人的教導。

處理憤怒的另一個關鍵被美國心理學會描述為「更有效率的溝通」，精確地說是與造成自己憤怒的對象好好溝通。有趣的是，這與斯多噶的訓練也有很大重疊：愛比克泰德要大家認知自己的想法，盡量以不帶情緒的精確口吻描述自身處境，就像我皮夾被偷之後的轉念模式。急著回應另一個人說的話並不明智，多半會導致氣氛更加緊繃。相對地，放慢腳步、換個角度詮釋對方的語言，好好分析隱藏在行為背後的理由後才加以回應，效果會好很多。舉例而言，伴侶提出某個要求，乍聽之下無理取鬧、侵犯隱私，但也許對方真正需要的是更多關注和照顧，如果換個方式去滿足需求，就不會有被打入大牢的窒息感。

幽默感也是美國心理學會認證的憤怒解藥。我們已經見證了斯多噶人如何善用幽默，無論古人如愛比克泰德（要是馬上就得死，那也沒什麼好說。假如可以緩一緩，既然是晚餐時間，我會先去填飽肚子），或今人如威廉・爾凡（現在就覺得我的文章大錯特錯？那是因為你還沒把我全部文章讀完）。不過心理學會也提醒大家要慎用幽默感，別對自己的問題一笑置之（若對他人的問題一笑置之則更糟糕），也別踩在幽默和諷刺之間那條微妙的界線上。諷刺帶有攻擊與矮化他人的意味，通常不具建設性，在已見衝突或憤怒的情境下更難發揮正面價值。我們如何分辨幽默和諷刺？需要練習，真實世界鮮少非黑即白，學習慎思明辨才能達到真正的智慧。

專業心理學家提出的其他建議包括改變環境，例如先離開造成問題的場合，或者如果當下不適合就延遲與別人的互動，但要記得約定新的時程回頭處理，告知對方自己不是想要一走了之。此外，可以嘗試盡量避開引發內心不適的因素，找出可以達成目的但降低衝突的辦法。雖非所有建議都在斯多噶文獻內有對應的語句，但兩者基本觀念想通——斯多噶哲學主張想有美好人生，必須先理解世界真實的運行模式（而不是只知道自己期待的結果），並且學習如何正確理解才能以最佳方式融入世界。瞭解現代心理學的相關主張並將之運用於生活中，顯然非常符合斯多噶的原則。

我們都煩惱錯了

針對焦慮，愛比克泰德也給我講了些有趣的內容。以前我比較容易焦慮，後來好一點，我猜想是因為經驗（很多事情實際體驗之後才知道沒有想像的那麼糟糕）加上年歲增長必然的情緒成熟及荷爾蒙變化。但愛比克泰德帶我往前跨一步，例如他指出焦慮跟憤怒一樣時常並不理性，兩者都會嚴重干擾我們的人生進程和品質。

為什麼我們對很多事情感到焦慮？「看到別人焦慮，我會說：『這人究竟要什麼？如果要的東西超乎自己能力所及，怎麼還需要焦慮？同樣的道理，自己演奏七弦琴唱歌的時候不會焦慮，但就算歌藝琴藝都好，進了劇場表演還是緊張，因為表演者想要的不只是演出精彩，還追求名聲，但是否能得到名聲不是自己所能控制的。』」[8]愛比克泰德換個角度再度詮釋控制二分法，我驚覺他比喻得如此精準又切合無數個人經驗，忍不住叫道：「哎呀！我怎麼一直參不透呢？」

面對教室裡滿滿的學生，其實我沒理由感到焦慮，因為我準備充分，而且我也是相關領域經驗豐富的專家，很熟悉該說什麼和做什麼，尤其和學生相比更是熟練。可見焦慮來自於潛意識的恐懼，擔心會因為某些因素使學生失望，好比解釋不清楚、課程不生動、資訊不詳盡等等。而避免這些狀況唯一的辦法，也就是我已經努力的方向：盡己所能充分準備。除此之外別無他法，因此也無須多餘的憂慮，沒有理由煩惱結果好壞。這番思考並非輕忽自己對學生的責任，而是合理評估處境，進而有效分辨應該顧慮和無須顧慮的事項。何況就算我真的在全班面前出糗，能有多慘？被那些年輕人笑一笑很了不得嗎？蒙提．派森（Monty Python）的歌詞不就說了：海上還有更糟的事情呢。[9]

再補充一點：我明白有些心理問題會導致特殊的焦慮，就算是美國心理學會建議的「冷冰冰的邏輯」也沒辦法克服。然而，要知道病理上的病症是不同層次的問題，儘管無法保證治癒，但現代心理學與精神醫學提供了藥物與諮商方案。我的同事盧・馬瑞諾夫（Lou Marinoff）著有暢銷書《柏拉圖靈丹》（*Plato,Not Prozac!*），序言即指出醫學療法不夠完美卻足夠安定心神、讓人回復正常運作，但要注意的是治療無法取代自身思考，還是必須經過思考才能找到通向幸福的人生道路。

不過因此更突顯出人類的思考傾向很奇怪，煩惱的東西常常都不對。愛比克泰德對我解釋：「我們為身體焦慮、為財產焦慮、為凱撒的想法焦慮，卻從不對自己心裡的世界焦慮。我會因為生出虛假不實的想法而焦慮嗎？不會，因為思想是自己決定的。我會因為放縱衝動而焦慮嗎？同樣不會。」[10]當然，此處所要表達的比起心理學更側重哲學，注重人生整體而非當下遭遇的難題。而愛比克泰德的觀點依舊重要，換作宗教信仰虔誠的人會以不同方式表達，例如應當關注靈魂更甚於肉體或財物。兩種說法本質相同，點出人類大半混淆優先順序，針對較不重要也較不受自己控制的項目煩惱較多，真正該注意也該強調的卻沒得到足夠心力。凱撒（或老闆）怎麼想都無所謂，我們無論如何都要增進品德護持人格；倘若凱撒（或老闆）是好人自然會欣賞，若不是則與盜走愛比克泰德的燈籠和竊取我皮夾的小偷無異，是他們自己的損失。

是你決定了你的寂寞

我居住在大都會卻常常一整天都獨處，自己一個人閱讀寫作，地點可能在家中，也可能是不會遇上同事和學生的工作室。這是個人選擇，適合我的性格。但我仍舊忍不住與愛比克泰德聊到有關寂寞（loneliness）的問題，因為寂寞大大衝擊了現代社會，而且不限於西方、不限於都會區。不難在媒體找到類似的標題：「寂寞是種傳染病：人與人的連結更緊密，卻比從前更孤單？」「現代生活使人寂寞？」「美國社會的寂寞」等等。[11]

作家科林．基令（Colin Killeen）在《進階護理期刊》（*Journal of Advanced Nursing*）發表了一篇有趣的文章，從現代科學的角度探討何謂寂寞[12]，內容首先區別寂寞和相關卻不同的概念，例如孤立（alienation，可能是憂鬱的結果，但有時也是成因）與獨處（solitude，措辭上比較具有正面含義，類似我對自己行為的描述）。基令進一步提出「從孤立到連結」的概念，從負面到正面分別有以下階段：孤立——寂寞——社會隔絕——孤單——獨處——連結。作者補充說明，認為此連續體也是一個「選擇的連續體」，一端代表非自願（孤立、寂寞），另一端則代表完全是個人抉擇（獨處、連結）。這樣的概念當然著重寂寞的外部成因而非內在態度，不過內在態度才是斯多噶的焦點。

是什麼造成寂寞？基令的文章提供方便簡潔的圖表，讓讀者判斷自身處境和性格有什麼成分會導致寂寞，包括喪親喪友之痛、心理脆弱、社交圈縮小、憂鬱、重大生活變化。與之相關的附加因素也很多，像是年齡、性別、健康狀態等等。簡言之，從基令的研究角度來看，寂寞的問題沒有單一「解決方案」，因為牽涉了太多層面，而且有個人（心理與處境）與結構（社會）兩種面向。那怎麼辦才好？作者出人意表但也十分誠懇的建議是：「寂寞是人類心理的原生成分，無法當作拼圖拆解組合，只能加以緩解減輕痛楚，而辦法就是增進大眾對這種感受的瞭解，明白每個人都在生命某個階段以某種形式承受著寂寞，不須感到困窘。」[13]

我對這段話深感共鳴，因為它鮮明地應和了愛比克泰德針對寂寞的見解。「孤寂（forlorn）是無解的狀態，人並非因為一個人而孤寂，也非因身在人群而不孤寂。根據定義，孤寂就代表一個人面對意圖加害自己的宵小時孤立無援。然而，人也必須學會獨處，靠自己生存、與自己交流。」[14]如基令所言，寂寞（某種程度上）是人性的自然狀態之一，沒理由太過介懷。斯多噶學派更直接主張人從來不必感到困窘，事涉社會期望更是如此，因為我們能決定的只有自身言行，而非別人的評價。注意基令用了「承受」這個詞，顯然與愛比克泰德的觀念一致。

寂寞與孤單一人在斯多噶人眼裡有明顯差異：後者是一種客觀事實陳述，前者卻是加諸其上的主觀見解。我們之所以覺得無力無助不是因為事實狀態，而是見解所造成。重點是愛比克泰德和基令的說法裡隱含了正向意義，即使乍看可能覺得太過嚴厲——與承受相對應的是韌性，韌性賦予我們力量。雖然無法控制外在處境而在人生某個時刻陷入孤單，可是（撇開需要醫療支持的情況）終究是我們的選擇和態度才使孤單轉變為寂寞。縱然孤單，不代表我們就必須感到無奈無助。

原文注

1 柏拉圖不認同阿里斯托芬對師父的戲仿，甚至在著作《斐多篇》（*Phaedo*）裡將後來蘇格拉底遭雅典政府處刑部分歸咎於劇作家。根據現代研究，柏拉圖的立場不算完備，卻也非全然無稽。

2 Epictetus, *Discourses*, I.18 and I.29.

3 諷刺的是根據薩莫薩塔的琉善（Lucian of Samosata）記載，愛比克泰德死後有盞燈被朋友拿去以三千德拉克馬的高價賣出。想必哲學家本人對此不以為然。

4 提供一篇從現代心理學的角度分析如何察覺與管理憤怒的好文章，American Psychological Association, "Controlling Anger Before It Controls You," http://www.apa.org/topics/anger/control.aspx。

5 Epictetus, *Discourses*, I.18.

6 斯多噶人也會認同的三個獄政改革實例可見 "Inside Norway's Progressive Prison System," CNN, August 3, 2011, http://edition.cnn.com/2011 / WORLD/europe/08/02/vbs.norwegian.prisons/; "Progressive Prison Keeps Door Open,"（此例為芬蘭）; http://finland.fi/life-society/progressive-prison-keeps-doors-open/; "Nicholas Turner and Jeremy Travis, "What We Learned from German Prisons," New York Times, August 6, 2015。

7 APA, "Controlling Anger Before It Controls You."

8 Epictetus, *Discourses*, II.12.

9 希望讀者看得懂這典故。不知道的人可以搜尋 "Monty Python: Always Look on the Bright Side of Life," https://youtu.be/jHPOzQzk9Qo（大約二分三十秒處）(uploaded July 28, 2006)。

10 Epictetus, *Discourses*, II.13.

11 此處例子來自 Rebecca Harris, "The Loneliness Epidemic: We're More Connected Than Ever—But Are

We Feeling More Alone?" *The Independent*, March 30, 2015; Vanessa Barford, "Is Modern Life Making Us Lonely?" *BBC News Magazine*, April 8, 2013; and Janice Shaw Crouse, "The Loneliness of American Society," *The American Spectator*, May 18, 2014。網路搜尋可以得到更多類似標題。

12 Colin Killeen, "Loneliness: An Epidemic in Modern Society," *Journal of Advanced Nursing* 28 (1998): 762–770.

13 同上，762。

14 Epictetus, *Discourses*,III.13.

第十三章

愛和友誼

理解何謂美善的人就知道如何愛美善。
但無法分辨美善與醜惡，或對兩者無感的人，又怎麼有能力去愛？

——《語錄》II.22，愛比克泰德

某日一位沮喪的父親尋求愛比克泰德的建議。他的女兒生了重病，而他實在承受不住，心痛地問：「我太心疼那可憐的孩子了。這陣子我女兒生病，醫生說有危險，我實在不忍心看，所以一直往外跑，只希望有人會跟我說她康復了。」[1]

「嗯，你覺得自己做得對嗎？」

「很自然吧，大部分為人父者都會有這種感覺。」

愛比克泰德與這位父親談了好一會兒，因為斯多噶人重視「順應自然」卻不代表所有「自然」的反應都是好事，比方說因為自己太難過就把女兒丟給別人照顧。愛比克泰德表示他不否定做父親的心裡難受，也承認這種感受很自然，問題在於做出的反應未必正確，於是他提出蘇格拉底式的典型質問：「我問你，你覺得自己不忍心看孩子痛苦就離家出走是對的嗎？那女兒的母親愛不愛孩子呢？」

「她當然愛。」

「難道母親也可以丟下女兒，還是她就不行？」

「她不行呀。」

「保母呢？她不喜歡孩子？」

「喜歡。」

「那保母可不可以丟下孩子？」
「當然不可以。」
「服侍孩子的傭人喜不喜歡她？」
「喜歡。」
「傭人可以一走了之嗎？如果不只父母，喜愛孩子的每個人都受不了就棄她而去，下場不就是孩子孤苦無依，死也會死在根本不關心她的人身邊？」
「這太悲慘了！」
「我再問你，要是你生病了，你會希望妻子、孩子、親朋好友因為見了你太難受，就丟下你孤伶伶一個人嗎？」
「當然不要！」
「你希望大家太愛你，愛到你生病的時候全部躲得遠遠的？還是你希望與自己有仇的人落得那種境況？」

不難想像故事如何發展，但很多人因此誤解了愛比克泰德、甚至整個斯多噶哲學：或許邏輯完美無缺，但意思不就是父愛追根究柢只是義務？聽起來是不是太貧乏，甚或缺乏人性，而不是真正的愛和情感？

越是重要的事，感性和理性越要分離

假如只從字面解讀愛比克泰德所言就會得到這種印象，可是事實不然，恰好相反。他所要表達的重點在於人類的情感必須得到適當引導，甚至要加以訓練，練習對觸動感受的情境做出正確的評估。毫無疑問，一個父親不該因為自己太難過就不照顧女兒，愛比克泰德也透過對比父親和其他人的角色來呈現他的行為為何不對，並進一步請父親想像換作自己生病是否願意被親友如此對待。

斯多噶哲學的觀點至此只解釋了一半：順應自然與正確行動之間仍有差異，我們應當審慎評斷，有時正確必須優先於自然。這個理念源自斯多噶的 *oikeiôsis*（待人如己）理論，也就是希洛克勒斯提出的將關注焦點擴大的同心圓，主要論點在於人類出生以後依據本能行動，本能裡包含自私的成分，像是那位父親看見女兒受苦的「自然」反應。然而，經過幾年成長並發展理性之後，我們應該具備思考能力，足以在必要時分辨自然與善的差異。但這並非只是讓冰冷的理性取代情緒，如果斯多噶哲學家的見解這麼粗糙，就只能對人類心理有粗淺掌握——但他們顯然不只於此。

愛比克泰德告訴學生：「雖然人能書寫與閱讀情感，雖然我們讚頌文字傳達的意義，但不代表我們就深信不疑或與之合而為一，否則拉瑟戴蒙人（古斯巴達人）也不會被說『在家鄉是獅子，去了以弗所變狐狸』。這句話套用在我們身上也一樣，上課像獅子，平常是狐狸！」[2] 意思是心裡承認某件事為真還不夠，必須反覆練習直到理性得出的結論融入本能反應。想像實踐一門哲學就如同開車、踢足球、吹薩克斯風，剛開始都得時時注意自己的每個動作並理解運作機制，可想而知表現不會順暢，錯誤連連令人十分挫折。但一點一滴累積之後，身心都會自動反應，最後有人闖到路中間時我們下意識就會踩剎車，看到敵隊防守有破綻就會立刻傳球給隊友，演奏樂器時行雲流水編織出腦海中的旋律。真正的哲學其實理論少而實務多，「我們都知道木匠之所以為木匠是學會了技術，舵手之所以為舵手也是學會了技術。因此是否能夠推論言行操守也一樣，只是渴望行善沒有意義，必須學會技術……現在我們需要的不是論述，書裡夠多了。缺的是什麼？是願意化文字為行動實地演練的人。」[3]

儘管愛比克泰德正確地將重點放在實踐，希臘古人針對**愛**其實發展出一套很完整的理論，其中結合數項不完全相同的概念，有些與本章第二個主題「友誼」相關。傳統上學者會區分的詞彙包括 *agápe*、*éros*、*philía*、*storgē*。*agápe* 是對配偶、子孫的愛，後來基督信仰將之引申為上帝對全人類的愛，多瑪斯．阿奎那則說 *agápe* 就是對別人的善意。很多人或許以為自己理解 *éros*，不過可能得重新思考，這個詞確實涵蓋性慾、情色方面的吸引力，但柏拉圖在《饗宴》（*Symposium*）中解釋過：*éros* 可以發展為欣賞人的內在美，並經此表達對美的崇敬而無論其形式。*philía* 代表將朋友、家人、族群視為對等而展現的愛，相對而言比較平靜和貞潔。最後 *storgē* 最少見，既表示對兒女的愛，同時也是對國家或所屬運動團隊的愛，並且帶有發自內心不經理性與思考的意味。[4]

無可否認英語中簡單的 love 一詞很難囊括這麼多細緻層次。實在可惜，我們確實應該仔細分辨自己對伴侶、孩子、朋友的情感與對國家、對神的想法有何差異。但無論何種面向，斯多噶哲學都會回歸愛比克泰德對那位沮喪父親的提問：反應是自然的，但是不是正確的？

舉例而言，大家時常被教育要愛國，而且無論對錯都要愛，又或者愛支持的運動隊伍就不要介意輸贏。我想兩者都屬於前述的 *storgē*，可是斯多噶人會主張「無論對錯」的愛在兩種情境有所不同。實際上，無論對錯都愛的說法有兩個出處，而兩者的差異正可以突顯為何斯多噶強調某些重要的愛更不能只順著自己的感受，必須衡量是非對錯。這個說法最初來自於美國海軍軍官斯蒂芬・迪凱特（Stephen Decatur），據稱一八一六年他在某次晚宴後敬酒時說：「我的國家！願她與外國交流時永遠處於對的一方。但無論是對是錯，她總是我的國家！」下一個版本則出自曾任美國內政部長的卡爾・舒爾茨（Carl Schurz），一八七二年二月二十九日他在參議院發言時提到：「愛我的國家，無論是對是錯。如果是對，繼續保持。如果是錯，加以修正。」

迪凱特的版本比較適合用在運動隊伍上：「羅馬隊加油！願羅馬隊與別的隊伍比賽永遠勝利。但無論輸贏，我都愛羅馬隊！」忠於選擇的運動隊伍既無害又顯得可愛，尤其如果輸多贏少反而更顯真誠。然而，對國家愚忠的危險極大，已經在歷史上得到無數次印證。我不知道舒爾茨是否讀過愛比克泰德，但他的發言與哲人給為人父者的開示是同樣道理：對於兒女或國家有發自內心的自然情感很好理解，也值得鼓勵，不過討論對象是人與人、國與國而非運動隊伍的時候，行為仍舊要回歸理性指引——看見女兒痛苦我情感上難以承受想要走開，但正確的做法是留下來陪伴她；我對國家的認同很重要，所以我偏袒自己的國家，然而涉及對本國或他國有害的事情，我依舊有義務提出異議。越是重要的事情，感性和理性就越要分離，前者不可凌駕後者。

德性的友誼

就希臘羅馬文化而言，友誼也是一種愛，很自然地愛比克泰德從家庭關係的角度加以詮釋：

信心榮譽之所在，扶持分享之所在，除此之外何處是友誼？「但他總是關照我，豈會對我無愛？」奴隸，你怎知人家對你的心思不像擦鞋、不像飼養牲畜？你怎知自己並非微不足道的工具，失去功用就被棄如敝屣？……厄忒俄克勒斯與波呂尼克斯不也是同父同母？同生同養、同吃同飲，一起睡覺互相親吻，任何人見了他們都要嘲弄哲學家對友誼的多慮。然而，當一塊肉以王位的模樣掉在兩人中間，他們怎麼說？

厄忒俄克勒斯：你要站在塔上何處？

> 波呂尼克斯：你為何如此問我？
> 厄忒俄克勒斯：我會親手殺死你。
> 波呂尼克斯：我也不會放過你。
>
> ——《腓尼基的婦女》（*The Phoenissae*）621，歐里庇得斯[5]

老哲人越說越文藝，何況厄忒俄克勒斯和波呂尼克斯是兄弟而不僅僅是朋友，不過愛比克泰德的重點很清楚：友誼與真愛一樣，相處平順的時候無法確認，反而在逆境或衝突中才會發光。從斯多噶的觀點來看，友誼也不是自身品格，因此可以不在乎（喜歡但無所謂）。由此延伸出更多值得深思的層面，譬如罪犯之間無法存在（斯多噶式的）友誼。此處「罪犯」的定義不是法律通緝的對象（否則曼德拉也曾經是南非政府眼中的罪犯），而是犯下暴力或掠奪行為的人。這條道理之所以成立，首先是因為很難想像有品格高潔的罪犯，再者是罪犯每次互相包庇的時候都視友誼優先於人格，完全顛倒了斯多噶的價值觀。

同樣情況放在愛裡也會成立，無論面對親人或者伴侶。世界文學（希羅文學也包括在內）中充斥著愛凌駕一切的作品，即便因此給自己、親友、無關者添了大麻煩也奮不顧身。可是大家卻常常被教育要欣賞這種角色，因為「愛能戰勝一切」。這種想法除了太過迪士尼風格，斯多噶人也不認同這是真正的友誼或愛，原因就在於友誼和愛的地位不應該超越個人的道德品格。前面已經提過美狄亞的例子，她徹底瘋狂、為了報復拋棄自己的丈夫而殺死親生孩子，而她之前就背叛父親、謀害兄長，只為了幫助丈夫伊阿宋竊取金羊毛——原因是什麼？她聲稱是對伊阿宋的愛。可是從斯多噶的角度分析，無論美狄亞對伊阿宋抱持什麼情感，都絕對不能稱之為愛。當代許多新聞報導的故事，恐怖程度不下古時的美狄亞，同樣不該以愛名之。

想必又有人會合理懷疑斯多噶陷入文字遊戲，否則不至於主張大部分人認定的愛或友誼根本不存在。這種指控正是劃錯重點：斯多噶哲學家觀察人類心理（加以描述）也研究人類道德（加以界定），他們當然明白對大部分人而言，美狄亞「愛」伊阿宋，就像兩個黑幫老大也能互稱為「朋友」。但斯多噶人必然要根據自己對倫理的理解進行補充，主張如此描述這兩個案例是誤用文字。為什麼斤斤計較？因為以「愛」或「友誼」取代道德應有的地位，後果不堪設想。對語言的慎思明辨不該被貶低為「文字遊戲」。人類互相溝通和傳遞知識都依靠「文字遊戲」，也就是精確地使用語言文字。

容我以顯然並非斯多噶學派的亞里斯多德為例。（斯多噶學派的塞內卡曾經引用敵對的伊比鳩魯派學說，並且表示真理屬於所有人，沒有來源的分別，我很同意他的想法。）亞里斯多德對分類有股異常執著，比方說斯多噶學派只劃分四種德性，他卻提出足足十二種，儘管每種德性都只是智慧的不同展現。針對友誼，亞里斯多德特別著重 *philía*。前面說過這個詞同時涵蓋現代定義的朋友和近親，所以愛比克泰德在討論中拿厄忒俄克勒斯與波呂尼克斯為例並不奇怪。亞里斯多德將友誼分為三種，我認為時至今日同樣適用：**功能性的友誼**、**愉悅的友誼**、**德性的友誼**。

功能性的友誼就是現代人口中的利益交換，像我們與習慣的髮型師之間就是這種關係。我母親以前在羅馬從事美容業多年，不難觀察到她與客人之間超越了單純的金錢往來，女士們耗費大量時間在美髮美甲之類服務，與我母親或助理互動，一方付錢、一方提供專業之外，還會談天說地，甚至聊到私生活或政治立場（但我印象中她們沒聊哲學）。即便如此，我母親嚴格來說仍稱不上是客人的朋友，卻也不是只有交易連名字也不知道的陌生人。古人對這種關係看得頗為透澈：既然基於利益交換，若交換不存在了也就隨時可以結束，但大家還是傾向善待他人並進行正面的社交互動，因為這是好的、快樂的事情——之所以好，用康德的話描述，就是待人如己而不只是當作工具；之所以快樂，則因為人類天生是社會性動物，與同類交談能得到滿足。

亞里斯多德對 *philia* 的第二層定義是**愉悅的友誼**，顯而易見是基於（當然也是相互的）愉悅，例如酒友或有共同興趣的夥伴。與功能性友誼的第一個共同點在於對彼此都有好處，差別則在於交換的不是利益而是快樂。第二個共同點則是無須深交，現代用詞會將功能性友誼稱作「點頭之交」，愉悅友誼則進入朋友的階段。最後，愉悅的友誼也會隨著社會黏著消失而終結，好比說要是嗜好改變或者換了固定光顧的酒吧，可能就會換一批朋友。

亞里斯多德的第三種友誼境界，遠超過多數人對朋友的定義：**德性的友誼**。這種友誼十分罕見，僅出現在雙方欣賞對方內在秉性，無須藉由利益或玩樂來凝聚關係。對這種友誼他有個著名的描寫是以彼此為鏡，攜手成長、追求美善，只因兩人互相關心。據此也能理解在這種定義下的朋友並不局限於現代人所謂「朋友」的範疇，亦能擴及家人和伴侶等等。

亞里斯多德並非斯多噶人，而真正的斯多噶人主張能稱之為友誼的，僅限於德性的友誼。然而，要注意他們並不因此否認另外兩種關係的存在和重要性，只是將之視為「喜歡但無所謂」的事，在不影響自身品德操守的前提下，擁有與耕耘都是好事。

再來要留意的是，希臘羅馬時代對愛和友誼的分類不只數量更多，概念架構也與現代社會略有不同。我們明確分辨的關係在古人眼中可能混為一談，例如朋友、親屬、工作認識的人對他們來說或有重疊之處。總而言之，詞彙與概念只是工具，基本要求是方便使用，足夠探索世界現實與社會環境。但不難察覺我個人欽羨古人豐富的詞彙，懷疑在語言演變之中人類過分省略了重要元素，畢竟詞語含義越多層次，就越容易反應思想的細緻，也更利於人與人的交流。

原文注

1 此處故事與引用出自 Epictetus, *Discourses*, I.11。

2 同上，IV.5。

3 同上，II.14 和 I.29。

4 由於字詞的定義與性質，*storgē* 自然也用來指稱無法選擇只能忍耐的情況，例如「敬愛一位暴君」。

5 Epictetus, *Discourses*, II.22.

第十四章

鍛鍊實踐精神

反思每日每項作為之前別闔眼入睡。何處有錯？完成與未完成什麼？開始反省，做錯要自責，做對要喜樂。

——《語錄》III.10，愛比克泰德

聊了這麼多愛比克泰德之後，我想應當不難理解斯多噶哲學的內涵，包括理論與實踐綱領，不論是運用於公元前二世紀的羅馬帝國或二十一世紀的現在。那麼，我們如何以斯多噶作為一門生活哲學呢？

沒有特定的做法，也不像宗教經典列出了固定的訓誡要人遵守。我想這代表實踐上充滿彈性。不過也有如我和其他幾位斯多噶書籍的作者，嘗試整理古文獻與現代認知行為或相關療法的技巧，發展出系統化的做法並分享個人心得。[1]不同的實行方式對不同人有不同效果，讀者無須將下述方法視為不可調整的僵化規定，當作建議參考即可。

我首先當然求教於愛比克泰德，他的《講義》是個很好的起點。不過《講義》並非他的著作（目前考證認為他沒有親自留下文字紀錄），而是尼科米底亞的阿里安彙整他的授課資料所成。換作是我，心裡肯定會五味雜陳，畢竟學生天分有高有低，僅憑一個學生整理的筆記傳世有點單薄，但無論如何這就是現代人能看到的愛比克泰德。話說回來，死後能留下什麼也在自己的掌控之外，幸好我們至少可以決定自己如何詮釋與運用流傳下來的智慧。

此外，阿里安可不是隨隨便便一個學生，在那個年代他也算是知名歷史學者、軍事將領，並於公元一三〇年經過選舉獲得卡帕多奇亞地方行政官一職。推測他在公元一一七到一二〇之間師從愛比克泰德，之後和老師在尼科波利斯待過一段時間。最後阿里安前往雅典，展開輝煌生涯，成就之一是受哈德良皇帝選為元老院議員。退休後他又回到雅典成為執政官（似乎是個閒不下來的人），過世當時已經進入斯多噶皇帝馬可・奧里略統治時期。薩莫薩塔詩人琉善（Lucian of Samosata）記載阿里安是「最優秀的羅馬人，一生投注於學」。我想講課內容讓這樣一位學生編輯成書應該值得慶幸。

我整理阿里安以愛比克泰德講課內容為基礎編纂而成的《講義》，從中萃取出十二種「精神鍛鍊」，也可以視為斯多噶式的每日生活提醒。[2]最簡單的使用方式，大概就是將之放進行事曆內，順序倒不重要（此處單純按照《講義》的內容順序編排），現代智慧型手機有很多應用程式都具備這種功能。一天安排一種練習，依序輪流（如果想要提高變化性就亂數進行），每天稍有空閒就默唸數次愛比克泰德的教導，然後專注思考如何實踐他的忠告。最初目標是熟習斯多噶思維，更重要的則是親身實行。[3]之後這種鍛鍊應當化為本能，不再需要設定提醒也能持之以恆（但我還是把它們加入行事曆以防萬一），融入生活大小事和各種場合。

從斯多噶哲學的角度才能看出各項演練最深層的含義，因此進入操演內容之前，容我重複本書列出的斯多噶主義基本原則。

與愛比克泰德對話的過程中可以提取出許多斯多噶重點，首先是最重要的三訓：欲望、行動、認知。三訓對應三種學問：物理學、倫理學、理則學。詳細解釋在第二章，讀者可以趁此機會回頭複習，加深對各條原則和不同學問的理解。三訓是本書章節編排的骨幹，抽絲剝繭（以求從精神鍛鍊中得到最大效益）後斯多噶主義的精華如下：

一、**德性至上，其餘無謂**。前半句來自蘇格拉底，他認為德性最重要，因為只有德性的價值在任何情境下都不會改變，而且可以幫助人正確運用健康、財富、教育等各種條件。後半句是斯多噶的獨特觀點，主張任何代價都不可以交換一個人出賣德性。奉行斯多噶的人可以追求「喜歡但無所謂」的事物，也可以避開「不喜歡但無所謂」的事物，前提是這麼做不會影響個人的品格。現代經濟學理論將這種有限順位描述為辭典序列偏好。[4]舉例而言，正常人的辭典序列偏好是無論多喜歡藍寶堅尼跑車，都不會拿女兒去交換它。

二、**順應自然**。也就是在社會生活中發揮理性。斯多噶主義認為可以從宇宙如何運作領悟出正確的生活方式，既然人類天生就是具備理性和社會性的動物，運用理性創造更美好的社會再自然不過。

三、**控制二分法**。有我們可以控制的事物，也有我們不能控制的事物（但或許能夠影響）。在心智健康的情況下，選擇和行為都受到自己掌控；除此之外，我們幾乎都無法操控。我們應該專注於自己可以控制的部分，對於無法控制的一切坦然處之。

此外，施行此處的練習時，記得練習的意義在於增進自己的斯多噶四德性：

實踐的智慧：以最好的方式面對複雜的情境。

勇氣：無論何種處境都堅持品德與行為的正道。

公正：對待他人不分貴賤一律平等仁慈。

節制：生活各層面都要自律克制。

溫習過斯多噶哲學體系的基礎知識以後，來看看（並且實作）從愛比克泰德或者說阿里安的《講義》內提煉出的十二種練習：

一、檢視自己的印象

「要習慣對每個強烈印象說一句：『你只是個印象，並不是印象的根源。』然後以自己的標準去測試、衡量，重點在於提問：『這是不是我能掌控的？』如果不是，記住該有的反應是『無須在意』。」[5]

這段文字就是我們前面提及的經典的**控制二分法**。愛比克泰德敦促我們好好練習他所有教誨中的根本：時時刻刻檢視自己的印象，也就是我們對於人事物的第一反應或聽聞。退後一步，騰出理智思量的空間，避免草率的情緒反應。接著問自己，是否可以控制這個情況，如果可以，則應該採取行動；若不能，則無須放在心上。

譬如前幾天我食物中毒（吃了壞掉的魚），四十八小時內身體很難受，什麼都幹不了，當然別提要工作或書寫。想當然耳這是「壞事」，多數人傾向抱怨、尋求同情。但其實身體的生物化學反應與潛在的病原體並非我所能控制（只有決定在那家餐廳點魚料理是我可以控制的），抱怨食物中毒沒意義，已經發生的事情不會改變。雖然尋求同情也是人性使然，但從斯多噶的角度分析，那麼做只是為了自己好過而造成別人的負擔，更何況旁人除了慰問也無法提供實質幫助。就斯多噶的立場，同情別人完全不是問題，但因為生病就要求他人同情太過自我。於是我依循愛比克泰德的指點，接受生理學上的事實，遵照醫囑用藥（服了些抗生素）並且調整面對身體不適的心態。無法工作和寫作有什麼關係，就別勉強自己，還有別的事情可做，反正很快就會康復，之後再補上進度也罷。

最後提醒：「無須在意」這句話常常遭到誤解，它的意思並不是要我們對自身遭遇無感。食物中毒之後我想起健康在斯多噶主義中屬於「喜歡但無所謂」的事物，只要不損及品格就可以追求。然而，在特定場合裡如果已經無能為力也就無須執著、白費力氣，因為狀況並不在我們掌控中。勞瑞．貝克稱之為「徒勞定理」（axiom of futility）並且直截了當地敘述：「邏輯上、理論上或實務上不可能成功，也就不需要能動者的直接嘗試。」[6]我覺得他說得一針見血。

二、謹記世間無常

「如果特別喜愛或受用於某事物，或者內心已經生出執著，提醒自己世間種種的本質為何。從價值低微的開始，喜歡瓷器就告訴自己，『我喜歡的是一件瓷器』，如此一來瓷器碎了也不至於傷心。親吻妻子孩子的時候也告訴自己，『我親吻的是凡人』，如此一來妻小不在身邊也不會悲痛。」7

《講義》裡的這段內容十分有名，許多人第一次讀到時大感震驚，而這段話也是斯多噶思想最被誤會的部分，有時甚至遭到惡意曲解，因此有必要好好理解。可想而知，問題癥結不會是瓷器，而是後半段有關妻小的部分。倘若當年愛比克泰德的話停在瓷器，大家應該會認為他只是提醒世人不要執著於物質，可以將之類比為公元二世紀就出現的反消費主義論調。（消費主義並非現代美國才有的觀念，早在羅馬帝國時代就成形，當然僅流傳於有能力消費的階級間。）不過後半段點破人類真實處境，需要足夠知識才能深刻體會。實踐者眼中的斯多噶哲學以仁愛為中心，絕非麻木不仁或輕賤人間苦痛。

首先不要忘記歷史脈絡：愛比克泰德留下講課內容的年代，就連皇帝（如馬可．奧里略）的孩子和親友也會在我們眼中還屬年輕、甚至幼小的歲數就死於疾病、暴力或戰爭。身處西方世界或少部分國家的人算是幸運（尤其如果正好是白人男性），但現實是時至今日生命仍稍縱即逝，我們真心在乎的人有可能毫無預警就離開。

再者，更重要的是愛比克泰德並非主張對自己在意的人表現得漠不關心。恰恰相反，我們要常提醒自己：之所以應該珍惜身邊人，就是因為不知道何時會失去。曾經失去過的人最能明白這種感受。所以我們的生活態度應該效法羅馬將軍們在永恆之城慶祝凱旋時，總有個聲音在耳邊低吟：*Memento homo*（記住，你只是凡人）。

抱歉又以個人舉例。大概就在我開始認真接觸斯多噶哲學時，家母因為癌症走了。在此之前十年，父親亦因為癌症離世，恐怕都是抽菸引起。兩次喪親之痛都對我造成很大的衝擊，原因並非親子關係完美無瑕（我個人比較感恩養大我的祖母以及繼祖父），但終究因為他們才會有我的存在。與雙親告別對多數人而言是生命不可避免的儀式（除非比他們先走一步），經歷過的人都知道無論如何內心總是哀慟。然而，先後兩次經驗中，我面對疾病和至親離去的態度卻有很大的不同。

父親被診斷出癌症，而且後來發現其實罹患好幾種。最初我沒辦法認真看待，體會不到自己與他相處的機會已經寥寥無幾——除了預期的分別時刻被大大向前推（他六十九歲就過世），也由於父子分隔七千公里遠，他在羅馬我在紐約。我佯裝天下太平時間充裕，內心不願承認明擺在眼前的事實：父親恐怕活不了太久。他撐了五年，但真的到了最後一刻我還是毫無心理準備，自然也沒能陪在他身旁；當時我還在前往機場要搭機飛向羅馬的路上。

我為自己面對父親重症的那種態度深深自責，直到經由斯多噶理解到後悔來自於無法改變既成事實，正確態度應是從經驗中學習，而不是陷溺於無可奈何的情緒。接著輪到母親，發展節奏更快，由於一開始的誤診，我們甚至不知道狀況多嚴重。確認病情以後我趕回義大利，全心處理並接受眼前的處境。每次在醫院與她告別，愛比克泰德的教導迴盪我心頭成了慰藉，縱使明天還能不能見面我也不確定。心情仍舊苦澀，畢竟斯多噶可不是魔法。但是我明白了羅馬人說的 *hic et nunc*，也就是活在當下。愛比克泰德一直希望學生學會正念處世，意思絕對不是不在意（麻煩的地方在於翻譯難以表達出希臘語原文帶有的心酸語氣），而是建議我們好好珍惜現有一切，因為任何人事物都可能忽然被命運奪走。

三、保留餘地

「計畫任何行動，先在心中排演。要去泡澡，就想像自己進入澡堂，許多人潑水、嬉鬧、大呼小叫，你也撩起衣角。為了更加沉穩，行事之初就告訴自己：『我準備泡澡，但也準備使意志契合於自然。』（也就是在社會生活中運用理性。）每件事情都這麼提醒自己，如此一來就算發生意外沒能泡澡，也是你已經思考過的情況。『也罷，雖非原本打算，但意志融於自然同樣合乎心意。如果出現意外就大受打擊，意志便無法與自然契合。』」[8]

我特別喜歡「如果出現意外就大受打擊」這句話，栩栩如生描述了某些過分脆弱、一丁點挫折都受不了的人，而他們之所以脆弱是自找的。這種性格的人習慣認為一切順遂才是理所當然，壞事都該落在別人頭上，還有可能認為別人是活該。身為斯多噶人則不同，每件事情都為自己留下餘地，所以有「盡人事聽天命」★這類座右銘。

★ 譯按：原文為 Fate permitting，直譯即為「若命運容許」。

細心的人會發現，愛比克泰德一如往常以十分單純的情境舉例：只不過想去泡澡好好享受一下，卻可能遇上各種狀況，就像現代人去看電影的時候，常會遇上有些觀眾動不動就開啟手機螢幕查看訊息。這當然也是個人經驗，以前遇上那種情況我會很生氣，有時候忍不住大聲指責，可想而知效果並不好。現在我學會以兩種斯多噶技巧處理：首先當然是提醒自己控制二分原則，來看電影是自己的選擇（我也可以在家看影片，或者做別的事情打發時間），我對別人的態度也是自己的選擇。別人的行為不受我控制，但不代表我無法試著影響，我可以客氣告知對方的行為會干擾其他觀眾，或者直接請電影院工作人員介入（當然一樣要冷靜禮貌），畢竟確保買票進場的觀眾得到良好觀影體驗是他們的責任。

第二個技巧就是明白心態上要保留餘地。同樣地，愛比克泰德並不是要大家消極忍受別人的粗魯冒犯，而是提醒我們無論最初想像為何，都要做好心理準備，因為事情未必能如期望發展。既然如此，一個選擇是因此情緒惡劣，也等於主動惡化處境；另一個選擇則是記住生命正確的方向：做個秉性良善的人，切勿失去德性、損害品格（以怨報怨就不是正確的決定）。

斯多噶文獻裡有個很好的類比可以解釋這道理。說故事的人是雅典畫廊派第三代領袖克律西波斯，據說這段故事原本收錄在《語錄》失傳的章節內。想像一條狗被綁在推車上，車子動了，但並非狗兒想走的方向。要是繩子夠長，狗有兩個選擇：一是小心地跟著車子移動，雖然車子往哪兒走不是牠的決定，但旅程會輕鬆很多，甚至有時間探索周邊或做自己的事情。另一個選擇是頑固拒絕、竭力抵抗，最後在掙扎哀號中被硬生生拖著走，除了滿身傷痕與痛苦什麼也沒留下。人類當然就是故事中的狗。宇宙如車輪，或隨著神的旨意滾動（對於有宗教信仰的人），或依據因果規律行進（對於觀點相對世俗的人）。我們只要還活著、還能動，就尚有緩衝空間，可以選擇盡量享受旅途，即便明白自身受到許多限制，也知道無論追求什麼都取決於命運（亦即車夫、神、宇宙）是否恩賜。這也就是前面說的，計畫行動但同時也順其自然。

在此感謝好友威廉·爾凡在《優質生活手冊》裡以另一種詮釋方式清楚說明了這項練習。想像自己正在與人比賽網球，或者更刺激一點，就假設要與別人競爭工作升遷的機會，斯多噶人面對這種情境會遵循愛比克泰德的指導，抑或是實踐威廉·爾凡重新演繹的思考過程：我們當然想要在比賽中取勝、更想要升職，可是成功與否，自己只能影響卻不能決定，因此應當修正目標為「無論結果為何，我們會在競賽中盡己所能」。理論上應該無庸贅言，但在此仍提醒一句羅馬俗諺 *repetita iuvant*（熟能生巧）。斯多噶主義並非鼓勵大家消極處世，說比賽輸了就輸了，或者受到不公對待而失去升遷機會也毫無作為，而是期望我們有足夠的智慧，能認清世事多變，即便全力以赴也未必獲勝，合情合理也未必升官。自己的期待無論根據多牢固都不一定符合宇宙即將（或應該）實現的未來，分辨兩者的差異正是智慧的指標。

四、此時此地如何成德？

「遇上難關，謹記自己內在有面對的力量。見了俊男美女而意亂情迷，心中當有自制自律。承受痛楚，心中有韌性。遭到羞辱，心中有耐性。假以時日便會生出信心，明瞭一切感觸皆能以德性抗衡。」[9]

對我來說，這是斯多噶文獻中最有力量的一段話。愛比克泰德原本是奴隸，斷了一條腿變成跛子，卻鼓勵大家在每個場合、每道難關中都操練德性，時時精進自己追求美善。他的教導巧妙就在於點出每種誘惑或障礙都有對應的德性可以成就，印證了視逆境為砥礪的斯多噶觀點。遇見容貌出色的人，若雙方沒有對象、合意下不傷害任何人，順從慾望發展沒問題。反之，則不該滿腦子上床，而是發揮自制力並專注於扭轉心態，最後根本不再察覺到誘惑。接下來的舉例換了方向，但斯多噶人以同樣態度面對也得到近似的結果。我們不能控制人生中遲早得經歷的病痛，但可以設法應對。手段不只醫藥（斯多噶哲學當然不排斥適時運用藥物），還有心態。難怪愛比克泰德因此常與「忍之，戒之」劃上等號。[10] 要記住，目標可不是過著淒涼悲慘的人生，而是斯多噶哲學口中的 *apatheia*★。雖然從英語字形推敲會讓人聯想得比較負面，但古人所要表達的是心靈寧靜且隨遇而安的狀態。

容我再度以個人經驗協助大家理解。之前我一個人在家準備晚餐，切洋蔥想油煎佐義大利麵，不巧的是刀刃略鈍，滑了一下砍在我的左手無名指上，傷口非常深，當下我得用另一手握住免得斷掉。（寫這本書已經是一年過後，但目前手指觸覺尚未完全復原。）我印象很深刻，因為換作幾年前我的態度會完全不同：意外當下我觀察傷勢，趕緊用右手先固定斷指，迅速判斷擦乾血跡什麼的都不重要，應該立刻前往最近的醫院求助。路上我反覆 *premeditatio malorum*（未雨綢繆

★ 譯按：*apatheia* 指不動心。英語單字 apathy 是「冷漠」、「無感」的意思。

的思考過程：最糟糕的狀況是什麼？該如何處理？我不是醫生，但看得出來接著會是大量的疼痛和失血，還可能永遠失去一截指頭。或許沒那麼慘？我不是鋼琴家，平常靠兩指打論文也夠快，容貌也不會因此劣化到羞於見人。於是我知道自己應付得來，過程也證實了這一點。何況實際結果比起心理準備的好很多：保留了完整手指，甚至能輔助打字。另外補充一下我的小確幸：這傷口的確不會影響我約會。

五、停下來，深呼吸

「記住，被打被罵都不足以傷害你，唯有自己相信被傷害了才會真正受傷。別人挑釁成功，是因為自己配合了挑釁。因此謹記別以衝動回應印象，反應前先暫停較容易克制心緒。」——11

如前所見，斯多噶人特別擅長處理別人的羞辱，理想狀態下能和石頭一樣（罵過石頭嗎？有什麼意義？），比較有幽默感的人還能妙語如珠。演練的重點在於更加理智地檢視自己的想法，無論負面如羞辱或正面如情慾都一樣，面對複雜情境時，應該避免過分即時且衝動的回應模式。正確做法是先停下來，深呼吸，或許可以朝角落散個步去，然後才開始盡可能以平緩的態度（重點是平靜，而不是漠然）思考來龍去脈。這是知易行難卻又十分重要的練習，認真實踐以後你會觀察到自己待人處事飛快進步，而且全部看在旁人眼中，所以你會得到許多正面評價。愛比克泰德的指導屢屢助我化險為夷並心情舒暢，至今次數已經多得數不清。

大家應該都記得耐克（Nike）公司的廣告標語 Just Do It 吧？可惜斯多噶人不同意這句話。重要的事情就應該緩緩腳步，深思熟慮之後才決定該不該放手去做。想像一下，要是你早幾年就懂得三思而後行的道理會如何？可以少傷害很多人，可以避開許多棘手或尷尬的場面，也可以更自信更積極。正如愛比克泰德所言：「下次無論遇上麻煩、快樂、光彩、羞愧的事情，要記住真正的勝負這才開始，就像奧林匹克競技時你必須上場，也就是那一天、那一刻的行動，決定你是前進還是倒退。」[12]人生這場運動會早已開幕，如果你還沒參賽，也別拖到明天。

六、他者化

「回想共同經驗可以熟習自然的意旨。朋友摔碎水杯，我們脫口而出：『唉，你運氣不好。』因此自己摔破水杯時，理所當然也要接受厄運。更甚者，別人妻小過世，大家習慣說：『生老病死是人生必然。』但若死的是自己親人卻變成，『我真可憐！』我們應當記住自己如何看待他人類似的際遇才是。」[13]

這是很棒的練習，愛比克泰德點出同一件事發生在自己或別人身上，我們的態度大大不同。無論小事大事，落在別人頭上而不是自己頭上，能保持鎮定又從容。(再次提醒這個鎮定不是冷漠！) 不過究竟原因何在？我們為什麼自認是或者應該是宇宙裡特別的存在？

即使我們認知到自己與地球上其他人沒有不同，對別人和自己的遭遇應該抱持一樣的態度，並且也將這樣的態度內化了(很難做到)，但還是有人認為應該翻轉斯多噶的論調，主張正確做法是發揮同理心、對別人的不幸感同身受。斯多噶對此有兩個回應，其一奠基於實證，其二則源自哲學原理。實證部分在於人類從生理學角度來看就不具備那種程度的同理心，一言以蔽之，為地球上每條逝去的生命都感受到深切之痛超越人類能力所及。由哲學角度而言，「生老病死是人生必然」儘管只是慰問，卻比「我真可憐」要貼近事實。意外、受傷、生病、死亡都不可免，難過可以理解（但程度也得適切，摔破杯子和喪偶總不能相提並論），只要明白自然運行的規律就能舒緩情緒。所謂「天地不仁以萬物為芻狗」，宇宙沒有偏袒任何人！

近日我的經驗裡，兩種「他者化」的詮釋都發揮了作用。例如有時候我會認為朋友大驚小怪、過分敏感，而忽略了他們的感受。但愛比克泰德指出，如果有那種感受的是自己，內心反應會截然不同。反過來說，真的輪到自己時，現在我會立刻想通，所有人不是已有同樣經驗，就是未來也要走一遭。調整觀點成為習慣後，面對別人和自己的不幸，都能自更寬廣的視野來思考，漸漸培養出接觸斯多噶主義之前欠缺的那份沉著從容。

七、說得少，但說得好

「沉默為上，言求簡潔，能不言則不言。若被要求就開口，但不談鬥技、賽馬、運動、飲食等等俗事，更不說長道短拿人比較。」[14]

我得招認這一項練習對我真的很難，或許和自我意識稍高以及身為教師很容易進入講課模式有關。但我還是盡量把這個建議放在心上並照著實行，發現確實有好處。很少人喜歡在餐桌上或社交場合中被說教，也許根本沒有人希望聽到別人嘮叨！因此這項練習的附加效果就是有可能增進人緣。

仔細思考，愛比克泰德列出的不要談論的話題，意義其實不言而喻。現代人大概不太討論鬥士，取而代之的是運動員、演員、歌手之類名流（音樂劇《芝加哥》裡有首歌巧妙地解釋了名流是「因出名而出名」）。為什麼我們要避談這類話題，或者盡可能減少？因為追根究柢只是一場空。我們到底為何關心卡戴珊一家人★或任何風雲人物的一舉一動？以膚淺形容這類話題，反而招人非議為不合時代潮流的精英主義，卻也突顯出大眾已經受到制約，認定嚴肅的談話很無聊，需要超過一般人背景知識和專注程度就屬於不好的聊天內容。可是並非古今中外皆然，古希臘的會飲（symposia）或羅馬時代相應的 *convivium*（意為「共同居住」），與會者期待的好晚宴必須討論哲學、政治和其他「嚴肅」話題，為了保持討論順暢才準備淡酒和點心。啟蒙時代歐洲各地興起的沙龍，眾人競相參加可不

★ 譯按：Kardashian family 是在美國媒體間影響力最高的名流家族。實境節目《與卡戴珊一家同行》（*Keeping Up with the Kardashians*）擁有高收視率。

是為了追求無聊。

除了上面所謂的庸俗話題，愛比克泰德還告誡大家避免道人是非，這一點值得深入探究。談論別人這種活動恐怕源遠流長，最初那是部落同胞「調查」彼此的途徑，在生存維繫於相互信賴（或反之）之際，這麼做具有重大意義。但到了現代社會，儘管我們依舊需要評量他人才知道彼此適不適合作為生活伴侶、朋友、合作對象、同事等等，比較好的方式卻是面對面溝通，直接聽其言，更重要的是觀其行。背後議論他人、剝奪對方為自己辯解的機會不符合德性，就斯多噶的角度，每個缺乏德性的行為都會降低自己的格調。

愛比克泰德的建議奠基於斯多噶的根本原則：人類可以做出最好的判斷並據此行動。剛開始顯得很難、甚至彆扭，但習慣成自然以後，矯正行為越來越簡單，最後反而無法理解過去怎麼會那麼想或這麼做。所以我不建議大家矯枉過正下猛藥，漸進嘗試、慢慢接受比較好。首先，降低對話中「鬥士」出現的頻率。然後接著偶爾依據最近接觸的書籍或影片，引入對自己和朋友都有裨益的主題。然後拭目以待！至今我仍訝異原來和別人共度晚餐可以這麼有趣。

八、擇交而友

「避免與不喜哲學的人為友。若不得不為，注意別降至同樣水準。無論一開始多乾淨，接觸髒了的人很難不跟著髒。」──15

每次讀到這段話我都會心一笑，又是斯多噶人說話耿直的好例子。敏感的現代人或許因此感到錯愕，但我仔細思考之後，覺得偶爾來個震撼教育是好事。雖然聽起來帶有濃厚的精英主義色彩，可是稍微想想就知道其實不然。讓我們先想想說話的人是誰：愛比克泰德曾經身為奴隸，當了老師也只能在戶外授課，並不是大門不出二門不邁、住在豪宅的貴族。再者，愛比克泰德口中「喜歡哲學」的人也不是以此為業的學者（相信我，沒人喜歡和那種人社交），而是泛指追求德性和品格的人。無論就古人或今人的觀點，大家都應該致力成為哲學家，也就是善用理性成就自己與社群的福祉。拉得更遠一點看，這句話的弦外之音是生命短暫，但人容易沉淪誘惑、虛擲光陰，因此更得留意言行並審慎擇友。

鑑於之前調整談話主題的嘗試很成功，這回我一樣在自己的社交圈內逐步實行擇交。意思不是開始刪除臉書上的「好友」（雖然確實也有刪一些），而是留心自己的時間花在誰身上、為了什麼理由。更進一步則試著記住亞里斯多德曾經說過，我們應當與比自己好的人做朋友，從他們身上學習。最低限度，是與能像鏡子般反映我們自身靈魂的人為友，至少我們可以看清楚自己是怎樣的人、有什麼地方需要改進。但要記住，是改靈魂，不是改鏡子。

九、幽默化解侮辱

「發現有人說自己壞話，無須竭力澄清流言，只消說句：『對，而且他還不夠清楚，否則就會說更多。』」[16]

愛比克泰德獨樹一幟的幽默感透過這個例子傳達得很清楚：受到別人羞辱時（記住，別人的嘴巴不受我們控制），與其惱怒不如自嘲。這麼做除了自娛，汙衊我們的人也會因此感到尷尬，或至少失去了施力點。前面提及的威廉．爾凡將這個建議發揮得淋漓盡致，他還提供了一個故事。有一次威廉在走廊上被同事攔下，對方說：「我正在想到底要不要在論文裡引用你的觀點。」威廉聽了很開心，暗忖學術終於得到肯定（相信我，這種事情在學術界沒那麼常見，尤其是哲學系所），沒料到同事話鋒一轉：「但是我不知道你那一套說法到底該說是觀點扭曲，還是根本就心術不正。」多數人被這麼一講都會覺得難堪，儘管對方那句話可能不帶惡意，只是單純的個人「觀點」（學術界的人被說社交遲鈍不完全沒道理），但也可能存心嘲弄。總之，威廉沒試著捍衛立場，更沒枉費心機解釋自己的論述並不邪曲。他深呼吸之後，很斯多噶風格地微笑答道：「嗯，幸好你還沒讀到我別的文章，不然就被你發現我究竟有多扭曲多邪惡。」

想當然耳我一定也親自嘗試了同樣技巧，但未必如此精練就是。結果我與別人的關係確實轉變很大，尤其對方不懷好意時更看得到效果。年輕時我比較沒安全感，容易受到言語刺激，下場輕則生幾個小時悶氣，重則輾轉難眠，反覆回想被人說得多難聽，要是那話是出自傾慕者或我視為朋友的人，後果會更加嚴重。但現在再也不會了。我照著威廉的榜樣，反倒開始期待別人出言不遜；但我得說，還真的不常遇上。

威廉・爾凡將這種技巧稱為「止謫主義」（insult pacifism），最佳的練習場所可想而知就是網際網路。我固定在幾個社交平臺進行專業和延伸寫作[17]，也有兩個部落格。[18]大家都知道網路上很多酸民、小白或找機會想當網紅的人，因此一開始還沒接觸斯多噶主義時，我就給讀者、訂閱者和自己設下一些遊戲規則。但理解斯多噶主義以後，以幽默見招拆招的方式，使虛擬世界的生活異常歡樂。即便如此，我依舊遵守愛比克泰德另一項建議，也就是話不在多而在精，於是自然減少了用於回應的心神，更多時間是在傾聽。更重要的是，我內化了斯多噶主義對羞辱的機制解釋：**不是對方出口傷人，而是自己選擇受傷**。

練習以幽默化解侮辱有兩點需要注意。其一，切記不要因為誤解而忽視霸凌的問題，無論網路霸凌或現實霸凌都一樣。沒有人該被霸凌，霸凌最好在尚未萌芽前就加以摘除，尤其最常見的形式正好又是針對心理狀態不佳、更容易受影響的族群。然而，對於霸凌的情況，斯多噶的建議依舊有效：一方面解決或減輕問題，另一方面培養當事人的耐受力，雙管齊下並不矛盾。而實務上不僅沒必要二選一，還能期待相輔相成的作用。訓練自己承受侮辱，心智會逐漸強壯，於是更能找到適合且有效的回應方式；反過來也一樣，找到對抗辦法就會逐漸看穿霸凌者內心的幼稚（即使是「成年人」），理解對方心態以後對霸凌言行的韌性也會跟著增加。

第二個要點源自每次討論這個斯多噶主張時都會聽到的反對意見：或許自己

認為是侮辱的言論，其實只是「批評」或是有建設性的「指教」，一味忽略或拒絕認真看待，反而會失去自我精進的機會，甚至變得狂妄傲慢。

要記得斯多噶四個主要德性包含智慧，智慧使人能夠分辨何為批評、何為侮辱。其實多數場合差異明確，不是賢人也能辨別。即便如此，被別人針對又懷疑遭到羞辱時，可以先問自己幾個問題：對方是否立場友善，或者你對對方是否有期待？若是，或許對方只是提供建言，恰巧語氣尖銳了些，但動機是好的。若不認為對方態度友善，對方也不適合提出批評指教，或許是對方看到了你的盲點？若有這種可能，也該先忽略口氣好壞，判斷對方是否一語中的。就算人家原本真的存心羞辱，結果卻是提供了當頭棒喝，我們也沒有理由不受教。

十、話題不圍繞自己

「對話不要贅述自己的冒險和功績。自己從中得到樂趣，不代表別人聆聽時也心中喜悅。」[19]

我承認自己常常做不到這一條（前面提過了「自我意識」和「專業模式」兩

個毛病），但還是努力嘗試。成功做到的時候不僅自己心裡頭愉快，社交也更順暢。之所以愉快，一如其他各項練習，是因為斯多噶人都明白：展現自制帶來愉悅。以運動健身類比也許較容易理解。或許每個人心態不同，但我自己上健身房時遇到櫃檯人員微笑歡迎、充滿朝氣說聲：「健身愉快！」我就會暗忖，究竟有誰健身會愉快啊？我知道確實有人做運動做得很開心，但多數人辦不到，堅持下去只是為了健康或體態，也就是所謂的有付出才有收穫。然而，每當運動結束要去淋浴時，心裡的確有種特殊的滿足感，不單是因為身體得到鍛鍊增強，也像自己給自己拍拍背說一聲：辛苦了，雖然不情願，可是我們做到了！

這個練習對社交的幫助不言可喻。人家不一定有興趣知道我們去了什麼地方玩（就算透過手機上的精美圖片來介紹），也不想聽另一個人滔滔不絕講自己的事情。我們覺得自己有趣常常是種錯覺。相信我和愛比克泰德，趕快看清社交互動的真相，多花點心思考慮別人的心情，親朋好友們一定會更開心。

十一、話語不帶批判

「有人洗澡快，那就說他洗得快，別說他沒洗乾淨。有人喝得多，那就說他酒量好，別說他酗酒。不知背後緣由，怎知是好是壞？切記別清楚看見了事實，卻又認可不同於事實的說法。」[20]

這恐怕也是我還在努力的境界，但愛比克泰德的建議依舊非常受用，也非常具有斯多噶風格，重點就是分辨客觀事實與主觀判斷的差異。客觀事實透過觀察得證沒有疑義；主觀判斷通常缺乏足夠證據，所以應當克制。

可以想見日常生活裡有太多太多機會可以進行這個操練。朋友身材差了？在心裡描述事實，但不要直接下判斷，接著捫心自問可能原因。朋友會希望失去魅力和體態嗎？應該不會吧。那麼更深一層的理由是什麼？比起坐在原地批判結果，是不是可以出手幫忙？換個情境，某個同事對你大呼小叫，與其找一句「問候語」吼回去或喃喃自語，可以先問自己：我以前有沒有遷怒別人？當然有。我那麼做的時候是因為快感？還是別的因素造成我失去理智？換作我情緒失控的時候，會希望別人怎樣看待、怎樣處理？回答之後，試著對失控的同事實行愛比克泰德的建議，扭轉惡性循環。

冷靜一下，想像如果所有人都學會不要隨意論斷、有幾分根據說幾分話，並且對同胞多點同情，世界會變得多美好。

十二、每日反省

「反思每日每項作為之前別闔眼入睡。何處有錯？完成與未完成什麼？開始反省，做錯要自責，做對要喜樂。」——[21]

最後一項練習的文字來自《語錄》而非《講義》（之前已經引用過這段話），不過我認為十分關鍵，個人獲益匪淺，因此放到本章再度說明。塞內卡也提出過類似忠告，並特別指出最適合反省的時間是入夜後但就寢前，因為躺在床上容易思考混沌。在自家住處找個僻靜的位置（紐約常見的極簡房也足夠了），回想一整天的經過。我覺得寫下來也非常有幫助，就像馬可．奧里略《沉思錄》那樣。

把注意力集中在重要、特別是具道德意義的事情。或許今天和同事發生摩擦，或許對待伴侶不夠體貼，也說不定是我對學生很寬大、幫了朋友的忙。我會在哲學日記簿上簡單描述每個事件，然後留下盡可能客觀的評論——彷彿自己給自己一整天的道德操守打分數，並記住從這個經驗中學到了什麼。塞內卡號稱斯多噶學派裡文字最動人美妙的作者，我想透過他來闡述會更有幫助：

日復一日審視心神。賽克修斯（Sextius）★奉行不悖，每日告終、入寐就寢前勘問自身：「此日矯治何種惡習？發現何種缺失？何處行事尚可精進？」日日叮囑，怒氣亦會化為和氣。如此省思一日豈不妙哉？反省之後高枕而眠豈不美哉？道德良知歷審，無論獲褒受貶，豈有心神不安謐不自在之理？是故我也日日省察：入夜熄燈之後妻子知我心意不再出聲，當日種種、言行舉止躍然眼前，無一分隱匿亦無一分刪減。為人處世尚有不足無須煩惱，當以此自勵：「今回可免，後不再犯。」……有德者樂於受教，無德者則背道而馳。22

★譯按：羅馬哲學家，其思想混合畢達哥拉斯派與斯多噶派。塞內卡的作品中時常提及此人。

原文注

1 這些論述斯多噶主義的實用書籍，包括：William B. Irvine, *A Guide to the Good Life: The Ancient Art of Stoic Joy* (New York: Oxford University Press, 2008); Donald Robertson, *Stoicism and the Art of Happiness: Ancient Tips for Modern Challenges* (Teach Yourself,2013)。

2 感謝我好友兼斯多噶夥伴葛瑞格．洛佩茲幫我理出這些實用的練習。

3 葛瑞格．洛佩茲和我組合出共二十四項練習，除了這些項目，還有取自馬可．奧里略《沉思錄》的內容。完整可見 https://howtobeastoic.wordpress.com/collections/。

4 如第五章所述，哲學家們論及什麼東西不能買賣時列出一連串清單，見 Sandel, *What Money Can't Buy*, and Satz, *Why Some Things Should Not Be for Sale*。

5 Epictetus, Enchiridion, I.5.

6 Lawrence C. Becker, *A New Stoicism* (Princeton, NJ: Princeton University Press, 1997), 42.

7 Epictetus, *Enchiridion*,III.

8 同上，IV。

9 同上，X。

10 Epictetus, *Discourses*, IV.8.

11 Epictetus, *Enchiridion*, XX.

12 同上，CI。

13 同上，XXVI。

14 同上，XXXIII.2。

15 同上，XXXIII.6。

16 同上，XXXIII.9。

17 On Twitter, https://twitter.com/mpigliucci.

18 我對普及哲學的論述，可見於 platofootnote.org；論斯多噶主義見於 howtobeastoic.org。

19 Epictetus, *Enchiridion*, XXXIII.14.

20 同上，XLV。

21 Epictetus, Aulus Gellius, *Noctes Acticae*, xii.19.

22 Seneca, *On Anger*, III.36.

附錄

希臘時代的實踐哲學流派

身為哲學家就是好奇，哲學始於好奇。

——《泰阿泰德篇》（*Theaetetus*）155，柏拉圖

本書以探討倫理學以一貫之，主要觀點來自斯多噶學派。倫理學當然是哲學的正統分支之一，其他還有美學（探究美與藝術）、認識論（研究人類如何理解）、理則學（主題為邏輯推理），以及形上學（理解世界的本質）。

正如本書開頭所述，「道德」在現代的意義不同於古希臘羅馬時代，斯多噶學派當然也不是唯一強調道德的哲學流派。現代倫理主要關注行為的對錯，而前現代哲學家對倫理學的定義更為廣泛，包括生活如何幸福、追求幸福是人生最重要的目的。但是幸福人生可以透過不同的方式追求，取決於個人對 *eudaimonia*（幸福，也可以算是一種自我實現）採取何種觀念。希臘哲學主要流派的最大差異就在這一點，所以瞭解斯多噶學派之外的思想也很有益處。我與作家威廉·爾凡都主張「先求有、再求好」，認識指引生活的思想哲學，比起採用哪一門特定學派更重要。

誠然，有些「哲學」頗糟糕，恐怕不利於人類幸福，但也有些選項可能更適合某些人。希望別有人以為我覺得除了斯多噶，其餘都不入流！在此不討論東方傳統下多彩多姿的生活哲學，例如佛、道、儒等等，一方面我不夠瞭解，也因為市面上已經有很多優秀資訊供大家參考。因此我在此將簡介西方傳統下希臘化時期到基督信仰興起前的思想主流。以下是簡化後的希臘化時代學派譜系圖[1]，列出者皆以幸福人生為主題或進行過深入探究。

如下圖所示，一切始於蘇格拉底。[2]對於他的教導的不同詮釋，衍生出三個學派，分別為柏拉圖的「學院派」，阿瑞斯提普斯（Aristippus）的「昔蘭尼派」（Cyrenaics），以及安提西尼的「犬儒派」。亞里斯多德承襲學院派（也活躍其中）；伊比鳩魯派源自昔蘭尼派；斯多噶派的前身則是犬儒

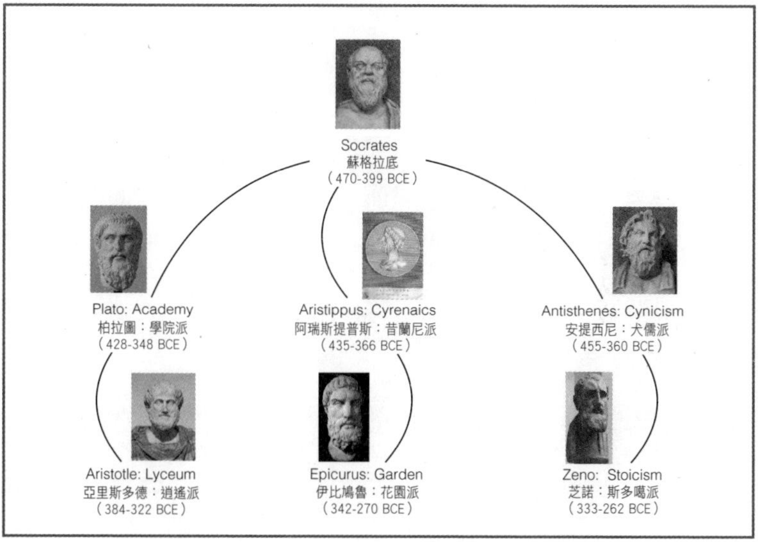

希臘主要哲學流派之間的歷史和概念關係，皆由蘇格拉底思想開展而來。
（資料來源：見原文注一）

派——儘管從為期數百年的交流來看，各學派之間的實際關係與其視為線性傳承，實則更接近多對多的彼此影響。接下來我會一門一門介紹，說不定這本斯多噶書培養出了犬儒主義者、甚至伊比鳩魯派也未必。

蘇格拉底：

後世主要（但不完全）透過早期柏拉圖的對話錄（如《拉凱斯篇》、《卡爾米德篇》、《普羅泰戈拉篇》）瞭解蘇格拉底的教導。他創造了以智慧為至善的倫理學原型，認為只有智慧無時無刻皆善，且運用其餘能力都需要智慧。對蘇格拉底來說，道德就是審視生活，而理性是最佳指引。按他說法，幸福的基礎是行正道，惡是由無知或 *amathia* 所導致，亦即行惡者並非有意為之。

柏拉圖（學院派）：

柏拉圖在後期的對話錄中保留蘇格拉底的重要思維（最主要就是幸福來自實

踐德性），同時補充形上論點，並以其著名的理型論（theory of Forms）重新演繹，最高的理念就是抽象化、理想化的「至善的形式」（Form of the Good）。但最終他在《理想國》中將個人幸福視為社會需求的附庸，理想國反映人類靈魂三分說，統治者理所當然應是哲學家，正如「理性」負責管理個人靈魂的「欲望」和「激情」。

亞里斯多德（逍遙派）：

亞里斯多德也認為幸福必須通過實踐德性來達成（並且列出十二種美德）。他主張包括人類在內，世間一切各具功能，而人類的正確功能就是運用理性，因此善用理性自然通向幸福的人生。但我們也需要外在的美好，比如家庭支持、社會環境、一定程度的教育、健康和財富，甚至足夠好看的外貌。值得注意的是，幸福人生不全然在受動者的掌控中，還需要天時地利之類因素配合。

阿瑞斯提普斯（昔蘭尼派）：

阿瑞斯提普斯顯然是蘇格拉底門生中靠授業賺取金錢的首例。對他來說，人生的主要目的不是長久幸福，而是短暫的物質享受。為了達到目的需要實踐德性，不過德性只是追求愉悅的工具。儘管如此，我們不該誤以為昔蘭尼派只局限在性愛、用藥和搖滾樂之類，而應將之視為得到啟蒙的享樂主義。以阿瑞斯提普斯的說法，就是「耽而不溺」。為了活在當下、及時行樂，自制反而非常重要。

伊比鳩魯（花園派）：

伊比鳩魯也認為人生就是趨樂避苦（後者尤為重要），但伊比鳩魯的享樂主義相較於昔蘭尼派更細緻複雜；不過後來這樣的主張威脅到天主教地位而被成功醜化。伊比鳩魯的思想包括心靈享樂，且心靈享樂優於物質享樂；幸福也不是片刻享受，而可以持續終生。伊比鳩魯派主張人應擺脫偏見（特別是宗教迷信）、克制欲望、生活樸素、培養友誼。此外，伊比鳩魯派建議世人迴避社會和政治生活，因為它們帶來的痛苦比快樂更多。

安提西尼（犬儒派）：

安提西尼出身雅典並建立犬儒派，他認為德性等同於實踐的智慧，是幸福的必要與充分條件。於是犬儒派將蘇格拉底的節儉生活發揮到極致。弟子錫諾普的第歐根尼以住在水桶、乞討為生、幾乎不參與任何社交聞名。許多斯多噶人仰慕犬儒派，包括我們的朋友愛比克泰德也在《語錄》第三冊花了第二十二章全文讚頌犬儒主義，甚至表示無法成為犬儒主義才選擇斯多噶。

芝諾（斯多噶派）：

芝諾創建斯多噶學派，最初師承犬儒派第歐根尼的弟子克拉特斯。至此讀者應該已經瞭解斯多噶思想介於亞里斯多德和犬儒派之間，與伊比鳩魯派則是對立面。斯多噶認同犬儒派所言：德性是幸福的必要和充分條件，同時也參考逍遙派論點，贊成保留（部分）外物的好處，將外物劃分為「喜歡但無所謂」與「不喜歡但無所謂」兩種，視情況加以趨避，而前提都是不損及品格德性。

———

總的來說，以蘇格拉底為起點，哲學思潮經過數次演進並分流。柏拉圖與亞里斯多德保留蘇格拉底對幸福的定義，但柏拉圖偏向玄虛（理型論和理想國），亞里斯多德傾向實用（外物是幸福的條件）。昔蘭尼派與伊比鳩魯派捨棄德性中心論調，改採苦樂二分，最大區別是昔蘭尼派著重物質的及時行樂，伊比鳩魯派更強調心智和生命整體（約翰．彌爾和效益主義都是上述哲學的現代迴響）。最後，犬儒派和斯多噶派又回歸蘇格拉底首重德性的理念，犬儒主義者走向苦行禁欲的模式，斯多噶則（符合前提下）容許一般人追求外物。兩門哲學都對後來的天主教歷史具有深遠影響。

原文注

1 John-Stewart Gordon, "Modern Morality and Ancient Ethics," Internet Encyclopedia of Philosophy, http://www.iep.utm.edu/anci-mod/ (accessed May 27, 2016).

2 因此西方哲學史才會分為前蘇格拉底與蘇格拉底之後兩大階段。

致謝

我個人在許多年前就踏上靈性、哲學、智識的旅程，經歷種種曲折後，這趟旅程以本書的形式呈現。我相信自己尚未走到終點。一路上得到很多朋友直接或間接的協助，在此利用這個機會向其中幾位表達謝意：高中哲學老師 Enrica Chiaromonte 在我心中播了種，二十五年後終於開花結果。Melissa Brenneman 在我發瘋似的轉換跑道進入哲學界時，提供莫大支持。Corinna Colatore 從我栽進斯多噶主義後就一直陪著我，並且忍受我每日操練造成的諸種不便。我也很感激紐約市立大學的各位同事接納我以獨特路線切入這門學術。斯多噶週和斯多噶大會的成員們敞開雙臂歡迎我、幫助我，透過他們，我對斯多噶主義理解得更深。同為斯多噶人（還是佛教徒）的葛瑞格．洛佩茲教了我很多關於愛比克泰德、馬可．奧里略以及塞內卡的事。經紀人 Tisse Takagi 打從最初就對本書非常有幹勁，是不可多得的幫手。Basic Books 出版社編輯 T. J. Kelleher 的專業素養之高屢屢令我讚歎。最後感謝 Cindy Buck 極其細心為我交稿。

國家圖書館出版品預行編目資料

別因渴望你沒有的，糟蹋了你已經擁有的：
跟斯多噶哲學家對話，學習面對生命處境的智慧

馬西莫．皮戈里奇 Massimo Pigliucci 著 陳岳辰 譯

初版 . -- 臺北市 : 商周出版 : 家庭傳媒城邦分公司發行
2018.03 面； 公分

譯自 : How to Be a Stoic: Using Ancient Philosophy to Live a Modern Life

ISBN 978-986-477-416-6（平裝）

1. 古希臘哲學

141.61 107002254

別因渴望你沒有的，糟蹋了你已經擁有的

原著書名／How to Be a Stoic: Using Ancient Philosophy to Live a Modern Life
作　　者／馬西莫．皮戈里奇 Massimo Pigliucci
譯　　者／陳岳辰
責任編輯／陳玳妮

版　　權／林心紅
行銷業務／李衍逸、黃崇華
總 編 輯／楊如玉
總 經 理／彭之琬
發 行 人／何飛鵬
法律顧問／元禾法律事務所 王子文律師
出　　版／商周出版
台北市 104 民生東路二段 141 號 9 樓
電話：(02) 25007008 傳真：(02)25007759
E-mail：bwp.service@cite.com.tw
Blog：http://bwp25007008.pixnet.net/blog
發　　行／英屬蓋曼群島商家庭傳媒股份有限公司城邦分公司
台北市中山區民生東路二段 141 號 2 樓
書虫客服服務專線：(02)25007718；(02)25007719
服務時間：週一至週五上午 09:30-12:00；下午 13:30-17:00
24 小時傳眞專線：(02)25001990；(02)25001991
劃撥帳號：19863813；戶名：書虫股份有限公司
讀者服務信箱：service@readingclub.com.tw
城邦讀書花園：www.cite.com.tw
香港發行所／城邦（香港）出版集團有限公司
香港灣仔駱克道 193 號東超商業中心 1 樓
E-mail：hkcite@biznetvigator.com
電話：(852) 25086231 傳眞：(852) 25789337
馬新發行所／城邦（馬新）出版集團 【Cite (M) Sdn. Bhd.】
41, Jalan Radin Anum, Bandar Baru Sri Petaling,
57000 Kuala Lumpur, Malaysia.
Tel: (603) 90578822 Fax: (603) 90576622
Email: cite@cite.com.my

封面設計／黃聖文
排　　版／極翔企業有限公司
印　　刷／卡樂彩色製版印刷有限公司
經 銷 商／聯合發行股份有限公司
電話：(02) 2917-8022 Fax: (02) 2911-0053
地址：新北市 231 新店區寶橋路 235 巷 6 弄 6 號 2 樓

■ 2018 年 03 月 29 日初版
■ 2023 年 03 月 21 日初版 4 刷
定價 350 元

Printed in Taiwan

城邦讀書花園
www.cite.com.tw

 ISBN 978-986-477-416-6

請於此處用膠水黏貼

請於此處用膠水黏貼

商周出版

讀者回函卡

感謝您購買我們出版的書籍！請費心填寫此回函卡，我們將不定期寄上城邦集團最新的出版訊息。

不定期好禮相贈！
立即加入：商周出版
Facebook 粉絲團

姓名：________________ 性別：☐男 ☐女

生日：西元________年________月________日

地址：________________

聯絡電話：________________ 傳真：________________

E-mail ：

學歷：☐ 1. 小學 ☐ 2. 國中 ☐ 3. 高中 ☐ 4. 大學 ☐ 5. 研究所以上

職業：☐ 1. 學生 ☐ 2. 軍公教 ☐ 3. 服務 ☐ 4. 金融 ☐ 5. 製造 ☐ 6. 資訊
☐ 7. 傳播 ☐ 8. 自由業 ☐ 9. 農漁牧 ☐ 10. 家管 ☐ 11. 退休
☐ 12. 其他________________

您從何種方式得知本書消息？

☐ 1. 書店 ☐ 2. 網路 ☐ 3. 報紙 ☐ 4. 雜誌 ☐ 5. 廣播 ☐ 6. 電視
☐ 7. 親友推薦 ☐ 8. 其他________________

您通常以何種方式購書？

☐ 1. 書店 ☐ 2. 網路 ☐ 3. 傳真訂購 ☐ 4. 郵局劃撥 ☐ 5. 其他______

您喜歡閱讀那些類別的書籍？

☐ 1. 財經商業 ☐ 2. 自然科學 ☐ 3. 歷史 ☐ 4. 法律 ☐ 5. 文學
☐ 6. 休閒旅遊 ☐ 7. 小說 ☐ 8. 人物傳記 ☐ 9. 生活、勵志 ☐ 10. 其他

對我們的建議：________________
____
____

【為提供訂購、行銷、客戶管理或其他合於營業登記項目或章程所定業務之目的，城邦出版人集團（即英屬蓋曼群島商家庭傳媒（股）公司城邦分公司、城邦文化事業（股）公司），於本集團之營運期間及地區內，將以電郵、傳真、電話、簡訊、郵寄或其他公告方式利用您提供之資料（資料類別：C001、C002、C003、C011 等）。利用對象除本集團外，亦可能包括相關服務的協力機構。如您有依個資法第三條或其他需服務之處，得致電本公司客服中心電話 02-25007718 請求協助。相關資料如為非必要項目，不提供亦不影響您的權益。】

1.C001 辨識個人者：如消費者之姓名、地址、電話、電子郵件等資訊。
2.C002 辨識財務者：如信用卡或轉帳帳戶資訊。
3.C003 政府資料中之辨識者：如身分證字號或護照號碼（外國人）。
4.C011 個人描述：如性別、國籍、出生年月日。

請於此處用膠水黏貼